다치바나키 도시아키가 이야기하는

행복의 경제학

이 도서의 국립중앙도서관 출판예정도서목록(CIP)은
서지정보유통지원시스템 홈페이지(http://seoji.nl.go.kr)와
국가자료공동목록시스템(http://www.nl.go.kr/kolisnet)에서 이용하실 수 있습니다.
(CIP제어번호: CIP2015013019)

다치바나키 도시아키가 이야기하는

행복의 경제학

다치바나키 도시아키 지음 | 백계문 옮김

한울
아카데미

"SHIAWASE" NO KEIZAIGAKU

by Toshiaki Tachibanaki,

ⓒ 2013 by Toshiaki Tachibanaki

First published 2013 by Iwanami Shoten, Publishers, Tokyo.

This Korean language edition published 2015

by Hanul Publishing Group, Paju

by arrangement with the proprietor c/o Iwanami Shoten, Publishers, Tokyo.

머리말

이 책은 경제학의 관점에서 인간의 '행복'을 논한 것입니다. 인간은 누구나 높은 수준의 '행복'을 바라지만, 원래 경제학은 인간을 경제적으로 풍족하게 하는 것을 사고하는 학문일 뿐, 경제적 풍족이 인간의 '행복'과 연결되는 것인지에 대해서는 관심을 두지 않습니다.

경제학 가운데 사람들의 '행복'을 생각하는 분야가 있다고 한다면 그것은 각 개인이나 기업의 경제활동을 대상으로 하는 '미시경제학'이고, 그중에서도 사람들의 소비를 대상으로 하는 '소비의 경제학'이 그에 해당합니다. '소비의 경제학'에서는 사람들이 소비에서 얻는 효용(만족도)에 최대의 관심을 기울입니다. 그리하여 소비의 목적을 효용의 최대화에 두고, 어떤 소비 행동을 할 때 최대의 효용을 얻을 수 있는지 분석해왔습니다. 이때 효용을 '행복'으로 해석할 수도 있으므로, 경제학은 최대의 행복을 구하기 위한 학문이라고 판단할 수도 있습니다.

최대의 효용, 즉 최대의 행복을 얻으려면 소비를 최대화해야 합니다. 그런데 소비는 소득의 높고 낮음으로 결정되는 만큼 소득을 최대화해야 합니다. 그런즉 인간이 행복해지려면 될 수 있는 한 높은 소득을 얻는 것이 그 전제 조건이 되고, 따라서 경제학의 궁극목적은 소득을 최대화하는 경제조직 또는 경제정책은 어떤 것인지 규명하는 것이 됩니다. 다시 말해 사람들이 행복하게 살게 하려면 경제를 좀 더 효율적으로 운영해 그 소득들을 최대화하는 것이 필요하며, 경제학에는 효율성 추구를 가장 중요한 목표로 삼아온 역사가 있습니다.

그런데 이 책은 지금까지 기술해온 것에 대한 의문을 동기로 해서 쓰였습니다. 사람들의 '행복'이 반드시 소비의 최대화 또는 소득의 최대화만으로써 얻어지는 것은 아니라고 주장하는 것입니다. 세계 각국의 '행복'도를 계측해 분석해본 결과 소득이 높은 나라에 사는 사람들이 반드시 높은 행복도를 보이는 것은 아니었습니다. 경제생활은 인간에게 기본적인 것이므로 원래부터 소득이 대단히 낮은 나라라면 높은 행복도를 기대할 수 없습니다. 그렇기는 하나 국민 대부분이 저소득인 나라(대표적 예를 들면 부탄)에 살더라도 사람들의 행복도가 높은 경우가 있고, 비록 경제력이 최강인 나라(대표적 예를 들면 미국)에 살더라도 모든 국민이 높은 행복도를 보이는 것은 아닙니다. 이 책에서는 왜 부탄이나 미국 같은 나라가 있는지, 그리고 세계에서 가장 행복한 나라로 간주되는 덴마크는 어떤 나라인지를 논해, 사람들은 어떤 상황에서 '행복'이나 '불행'을 느끼는지 상세하게 논하고자 합니다.

이를 구체적으로 기술한다면, 인간은 어떤 분야에서 어떤 것을 할 때 '행복'을 느끼느냐 하는 문제가 됩니다. 인간은 경제적 풍족에 최대의 관심을 쏟으면서도 결혼, 가족, 친구, 교육, 직업, 노동, 취미, 여가 등 다양한 분야에서 사회의 일원으로 활동하며 또 그런 활동에서 얻는 '행복'에도 관심을 기울입니다. 설사 경제적으로 풍족하지 않더라도 이러한 활동들을 통해 만족하며 산다면 그 사람의 인생은 충분히 행복하다고 생각할 수 있는 것이 아닌가 합니다. 만약 이 추측이 맞는다면 경제의 효율성을 높여 소득을 최대화하는 것만을 정책 목표로 삼을 수는 없다는 제안도 할 수 있게 됩니다.

이 책에서는 이러한 문제의식에서 세계 각국 사람들의 행복도를 분석하고, 특히 일본 국민들이 어떻게 '행복'해하는지를 성심껏 분석합니다. 더 나아가 덴마크와 부탄 같은, 행복도와 관련해 대단히 중요하고 흥미로운 나라들을 상세히 검토해서, 일본이 이들 나라에서 배울 것이 있는지를 논합니다.

그 밖에 이 책에는 다음과 같은 특색이 있습니다. 첫째, 사람이 자신의 '행복'을 표현할 때 그것이 그 사람의 성격에 크게 좌우될 가능성이 높다고 유추해, 사람의 심리학적 요인과 행복도의 관계에 유의해서 분석합니다.

둘째, 이 책은 경제학 서적이므로 경제학이 '행복'을 어떻게 이해하고 분석해왔는지를 경제학사적經濟學史的으로 논합니다. 특히 정상 경제定常經濟의 사상이 '행복'을 분석하는 데 유용하므로 이 사상을 상세히 논합니다.

셋째, 일본을 비롯한 세계 많은 나라에서 소득 격차가 커지고 있는 것을 고려해, 격차가 큰 것이나 강자와 약자의 존재가 사람들의 행복도에 어떤 영향을 미치는지 분석합니다. 저는 일본에서 격차 사회 논쟁의 불을 댕긴 사람으로서, 격차와 행복도의 관계에 대해 많은 생각을 해왔습니다.

넷째, 만약 경제학만으로는 '행복'을 얻을 수 없는 것이라면 어떤 정책이 인간의 행복도를 높이는 데 기여할 것인지를 논합니다. 그리고 그것에 이어 인간의 행복도를 높이는 것에 심리적 측면에서 접근할 수도 있지 않을까 하는 문제를 논하고, 또 일본을 포함한 선진국 정부들의 역할을 비교·검토해봅니다.

일본은 저출산·고령화 단계에 진입했는데, 이를 이대로 두면 경제의 마이너스 성장이 그 자연스러운 귀결이 됩니다. 그래서 경제가 약해지는 것을 피하고자 경제 효율을 높이고 성장률을 높이기 위한 의논이 활발히 이루어지고 있습니다. 그 배후에는 경제성장률이 높으면 사람들의 '행복'한 정도가 높아지는 것 아니냐 하는 신념이 있는 것 같습니다. 이 책에서는 바로 그 신념이 올바른지를 다양한 관점에서 검토합니다. 독자 여러분 한 사람 한 사람이 '행복'과 경제학의 관계를 생각해보는 데 이 책이 자료가 된다면 다행이겠습니다.

일러두기

이 책의 모든 주는 옮긴이가 독자의 이해를 돕고자 수록한 것입니다.

행복이란 무엇일까

행복론의 계보

이 책의 목적은 경제학에서는 '행복'을 어떻게 파악해야 하는지를 생각해보는 것인데, 먼저 동서고금의 석학들이 '행복'을 어떻게 생각해왔는지를 소개하겠습니다.

행복은, 철학자들이 말해왔듯이, 고대로부터 인간의 가장 큰 관심사였습니다. 예를 들자면 그리스의 철학자인 아리스토텔레스는 "행복은 인간이 최고로 바라는 것이고, 최고선最高善이다"라고 말하면서 행복은 인간이 추구할 만한 것이라고 했습니다.

다만 그리스의 철학자들이 생각한 것은 '시민'들만의 행복이었고 신분이 낮은 노예들의 행복은 안중에 없었으므로 시각이 일방적이었습니다. 인류 전체의 행복에 관한 사고는 상당히 후대의 일입니다.

두 번째로 살펴볼 인물은 카를 부세Carl Hermann Busse입니다. 부세는 "산 너머 하늘 저 멀리에 행복이 살고 있다네"라는, 교토대학의 우에다 빈上田敏 교수가 번역한 시를 통해 일본인들에게 널리 알려진 사람으로, 본국인 독일보다 일본에서 더 유명한 시인입니다. 그의 시는, 모든 사람이 행복을 찾아 여행을 떠나지만 결국 찾지 못하고 돌아온다는 이야기를 담고 있습니다. 바꾸어 말하면 행복은 아주 먼 곳에 있으므로 모든 사람이 행복을 동경한다는 이야기라고 이해하면 될 것입니다.

세 번째로 살펴볼 것은 벨기에 출신의 작가 모리스 마테를링크Maurice Maeterlinck가 쓴 희곡인 「파랑새L'Oiseau bleu」로, 틸틸과 미틸 남매가 이곳저곳을 여행하면서 행복의 파랑새를 찾는 이야기입니다. 파랑새를 열심히 찾았지만 결국 어디에도 없다는 것을 알고 낙심해 자신들의 집으로 돌아왔는데, 놀랍게도 자신들이 기르던 꿩이 갑자기 파랑새로 변하더라는 이야기입니다. 행복을 찾아 멀리 헤매고 다닐 일이 아니다, 행복은 자신과 가까운 곳에 있다는 이야기입니다. 그런데 그 파랑새는 발견하자마자 날아가 버립니다. 마테를링크는 이 이야기를 통해, 우리가 행복이라는 것을 느낀다면 그때가 곧 불행의 시작이라는 말을 하고 싶었던 것이 아닐까요.

마테를링크의 「파랑새」와 비슷한 이야기입니다만, 제가 좋아하는 프랑스 작가 알베르 카뮈Albert Camus의 『시지프 신화Le Mythe de Sisyphe』에 등장하는 시시포스의 운명을 통해서도 행복을 논할 수 있습니다. 그리스신화에서 유래하는 이야기입니다만, 시시포스는 신에게서 벌을 받습니다. 시시포스는 산꼭대기에서 굴러떨어진 거대한 돌을 짊어지고 끙끙대며 올라갑니다. 그러나 그 돌은 바로 다시 굴러떨어지고, 시시포스는 다시 짊어지고 올라가기 시작합니다. 산꼭대기에 행복이 있는지 없는지 모른 채 행복을 구하는 작업을 되풀이하지만, 결국 그것을 손에 넣을 수는 없다 ― 카뮈는 이런 말을 하고 싶었던 것이 아닐까 합니다.

마지막으로, 유명한 '3대 행복론'을 살펴보겠습니다. 스위스 출신의 카를 힐티Carl Hilty, 프랑스 출신의 알랭Alain, 영국의 버트 런드 러셀Bertrand Russell이 각각 행복론을 썼습니다. 아주 간략하게 정리해본다면, 힐티는 종교철학자답게 신을 믿고 향락을 배제하고 질박한 생활을 영위하는 것이 행복과 연결된다며, 기독교적 종교관에 바탕을 둔 행복론을 폈습니다. 알랭은 건강한 신체와 마음의 평정이 행복과 연결된다고 하면서 설사 고통스러운 일이 있더라도 이리저리 고민하기보다 밝고 당당하게 말하고 행동하는 쪽이 낫다는, 말하자면 정신론적 행복론을 주장했습니다. 한편 러셀은 정신론적 행복을 논하기보다 인간의 실제 생활에 의거해 행복을 찾았습니다. 자기 속에 파묻혀 있기만 해서는 안 되고 눈을 바깥으로 돌려 쓸모 있는 일을 하는 것이 행복과 연결된다는, 실천론적 행복론을 폈다고 이해하면 될 것입니다.

미국에서는

미국의 교육학자인 존 듀이John Dewey는 교육은 영어, 사회, 산수, 이과 같은 학문에 그치는 것이 아니고 직업교육, 기능교육도 있다고 했습니다. 듀이는 어떤 기능을 손에 익혀서 직업 생활을 유효하게 보낼 수 있는 사람을 만드는 것이 중요하다고 말한 것으로 유명합니다. 저는 듀이가 개인이 행복을 느끼도록 교육하기가 쉽지 않다는 이야기를 했던 것으로 해석합니다. 또한 『자연*Nature*』 등으로 유명한 미국의 문인이자 철학자인 랠프 월도 에머슨Ralph Waldo Emerson은, 인간이 자신의 힘으로 싸워 행복을 얻었을 때 드디어 얻었구나 하고 만족하는 일보다 행복을 추구해 노력하던 그 과정이 더 중요하다는 말을 했습니다.

미국에서는 경제학자들이 행복에 관해 기여해왔습니다. 소스타인 베블런Thorstein Veblen은 부호가 타인들에게 '과시'하려고 화려한 소비생활을 하는 모습을 비판한 것으로 유명합니다. 베블런의 주장을 행복과 관련해 평가한다면, 베블런의 주장은 호사스러운 소비를 하는 것이 그 사람을 반드시 행복하게 하는 것이 아니라는 주장과 연결되는 학설들의 근거가 되었습니다. 또 한 사람 리처드 이스털린Richard Easterlin은 자신의 '상대소득가설'에서, 사람들이 소비에서 얻는 만족감 또는 행복감은 다른 사람들의 소비와 비교하는 것에서 결정된다고 했습니다. 이러한 베블런의 주장은, 소득이 높아지는 것이 반드시 생활 만족도로 연결되는 것은 아니라는 설의 출발점이 되었습니다.

일본의 행복론

그러면 일본인들은 행복을 어떻게 생각했을까요? 몇 가지 예를 소개한다면, 우선 민속학자인 야나기타 구니오柳田國男는 조상 대대의 집안을 지킨다는 것이 일본 국민들의 행복과 연결된다고 생각했습니다. 동화 작가인 미야자와 겐지宮澤賢治는 『은하철도의 밤銀河鉄道の夜』이라는 대단히 유명한 작품에서 우주와 대화하는 것으로 행복을 이야기합니다. 아쿠타가와 류노스케芥川龍之介는 희망이나 절망보다 막연한 불안이 가장 곤란한 것이라고 말합니다.

그러나 저는 오히려 '청빈 사상淸貧思想'이 일본인 특유의 독창적인 행복감이 아닌가 하고 생각합니다. 헤이안平安 시대에서 가마쿠라鎌倉 시대에 걸쳐 활약한, 무사 출신의 가인歌人 사이교西行, 『호조키方丈記』를 쓴 신궁神宮 출신의 가모노 조메이鴨長明, 『쓰레즈레구사徒然草』의 요시다 겐코吉田兼好, 에도江戸 시대의 료칸良寛 화상, 가인 다치바나노 아케미橘曙覽 등이 그러한 사례입니다. 『청빈의 사상淸貧の思想』의 저자인 나카노 고지中野孝次 선생도 썼듯이, 그들은 일상에서 밥을 굶지만 않으면 되고 그저 최저한의 삶으로 족하다고 했습니다. 그리고 그들은 글 짓는 재주가 대단히 뛰어난 덕택에 노래를 짓거나 수필을 쓰거나 하면서 최고의 인생을 보냈습니다. 그러나 마침 뛰어난 글솜씨가 있어 문인으로서 탁월한 작품들을 남겼다는 의미에서 그들에게는 가치 있는 삶이었다고 할 수 있겠으나, 범인인 우리로서는 후세에 남을 만한 작품을 쓰기 어려운 만큼 그들이 말하는 극빈의 생활만으로 족하다고 할 수는 없을 것입니다. (우리로서는) 좀 더 수준 높은 경제생활, 좀 더 풍족한 생활을 추구해도 좋은 것이 아닐까 하고 저는 거꾸로 해석합니다. 다만 화려한 소비로 내달리는 것 같은 호사스러운 경제생활만은 피해야 한다는 것을 저는 이 책의 여러 곳에서 주장합니다.

최근 작품으로서 작가 이쓰키 히로유키五木寛之의 『하산의 사상下山の思想』과 관련해 한마디 하겠습니다. 작가는 이 책에서, "경제적인 풍요를 손에 넣은 일본인들이여, 그 이상의 무엇을 구하는가?"라고 물으며 경종을 울립니다. 일본인들은 지금까지 위를 보고 필사적으로 등산해왔으나, 산 정상에 다다른 지금으로서는 우아하면서도 느긋하게 하산하는 것이 중요하다는 주장입니다. 산악 애호가들이 말한 바로는 산을 오를 때보다 산에서 내려갈 때 위험이 수반되므로 더 큰 주의가 필요하다고 합니다. 이제 '성숙'을 달성한 일본인들로서는 "앞으로 어떻게 살며 행복을 추구할 것인가?"라는 물음에 이쓰키는 "비참하지 않고 우아하게 하산하는 것이 행복과 연결되는 것이 아닐까?"라고 주장하는 것 같습니다.

이상으로 여러 나라의 철학자, 문인, 경제학자들이 행복론을 전개하는 것을 살펴보았습니다만, 어느 설이 바르고 어느 설은 엉터리라는 식으로 단정할 수 없습니다. 스스로 공명할 수 있는 주장을 찾았다면 그것으로 충분한 것이 아닐까요.

제1장

세상 사람들은 행복을
어떻게 생각하나

최근 들어 세계 각국에서 사람들의 행복도를 측정하고 있습니다. 이번 장에서는 그중 대표적 연구 성과들을 살펴봄으로써 행복을 측정하는 데 무엇을 기준으로 삼는지, 어느 나라 사람들이 '행복'해하는지를 알아보겠습니다. 동시에 일본인들의 '행복'도가 세계에서 차지하는 상대적 위치를 살펴봅니다. 더 나아가 세계 각국의 연구 사례를 통해 사람들은 어느 분야에서 일할 때 행복해하는지, 또는 무슨 일을 할 때 행복해하는지 논합니다.

1. 행복을 측정하는 지표

세계 각국의 사람들은 어떻게 행복을 느낄까요? 그것을 어떤 지표로 측정하고 비교하는 것이 좋을까요? 근년의 역사를 살펴보면 지금까지 몇 가지 지표가 제안되었습니다. 그중 눈에 띄는 것들을 소개해보겠습니다.

우선, 오일쇼크가 시작되기 1년 전인 1972년에 로마클럽Roma Club이 '성장의 한계'를 말하면서 "이제 경제성장만 추구하지 말 것"을 제안한 바 있습니다. 이는 천연자원의 고갈에 대한 우려를 표명한 것이고 환경문제가 심각해지는 것에 대한 대책이었습니다. 일본에서도 "사라져라, 국민총생산Gross National Product: GNP"이라는 말이 유행했습니다. '이제 경제성장을 하지 않아도 좋다'는 사고방식의 시작이었는지도 모릅니다.

그다음으로, 1981년 노벨 경제학상 수상자인 두 미국 경제학자 윌리엄 노드하우스William Nordhaus와 제임스 토빈James Tobin이 '경제후생지표Measures of Economic Welfare: MEW'라는 지표를 제창했습니다. 종래의 경제활동만이 아니라 소비 서비스(예를 들어 교육, 의료, 보건 같은 서비스 분야 또는 여가 등)나 (경제학적으로는 지금까지 무상 노동으로 평가되어온) 가사 노동 등을 GNP에 넣어 평가하자는 것이 두 사람의 주장이었습니다.

일본에서도 1973년에 그러한 사고방식을 받아들이려는 움직임이 나타났습니다. 정부의 경제 심의회에서 순국민복지(국민복지지표)Net National Welfare: NNW라는 개념을 제창한 것입니다. 이 개념은 예를 들어 GNP에 가사 노동 같은 것을 더하고 대기오염 등 환경에 대한 부負의 효과 같은 것들은 뺀다는 것으로, 일본 국민들이 얼마만큼 행복한가 하는 지표를 만들어내는 데 취지를 둔 것이었습니다. 당시 실제로 계산을 했었는데, 어떤 숫자들이 나왔는지는 40년 전의 일이어서 잘 기억이 나지 않습니다.

넷째, 국제연합개발계획United Nations Development Program: UNDP에서 인간개발지수Human Development Index: HDI라는 개념을 제기했습니다. 이 개념은 인도 출신으로 1998년에 노벨 경제학상을 받은 아마르티아 센Amartya Sen이 강조한 잠재 능력capacity이라는 사고방식에 토대를 둔 것입니다. 즉, 의식주뿐만 아니라 의료, 교육, 수명 같은 문제까지 고려한다면 인간의 행복은 국내총생산Gross Domestic Product: GDP만으로는 측정할 수 없다는 것으로, 실제로 계측되는 개념입니다.

다만 90세, 100세까지, 예를 들어 치매가 진행되어 스스로 아무것도 알지 못하는 상태에서 살아가는 것이 과연 행복한가, 그리고 그런 사람들을 돌보려고 주변 사람들이 얼마나 고생하는지를 고려할 때, 센이 장수長壽도 대단히 중요한 지표라고 생각한 것에는 다소 의문이 듭니다. 센의 모국 인도의 평균수명은 선진국 정도로 길지 않으므로 장수를 중요한 지표로 설정한 것을 이해할 수는 있으나, 일본 같은 장수 대국長壽大國에는 맞지 않을는지도 모릅니다.

다섯째, 영국에 있는 신경제재단New Economics Foundation: NEF에서 2006년에 지구촌행복지수Happy Planet Index: HPI라는 지표를 만들었습니다. 이 지표에서도 센을 모방해 평균수명을 긍정적으로 평가하고 있습니다. 그리고 생태발자국Ecological Footprint: EF이라는, 환경에 얼마만큼 부하가 걸렸는지를 나타내는 새로운 지표가 그 분모에 들어가 있습니다. 생태발자국은 캐나다의 윌리엄 리스William E. Rees와 마티스 바커나겔Mathis Wackernagel이 주장한 개념으로, 어떤 지역의 경제활동 또는 소비활동을 장기적으로 보장하는 데 필요한, 생산을 할 수 있는 토지와 수역水域 면적의 합계로 정의됩니다. 즉, 생산능력 이상의 환경 부하가 걸리면 생산을 억제하는 것이 바람직해집니다. 환경 파괴가 많을 때에는 이 지수가 내려갑니다. 이때부터 환경문제가 중요한 요소factor가 되기 시작했는바, 사람들은 GDP가 높아지고 국민들이 풍족해지더라도 환경을 파괴한다면 마이너스 요인이 아닌가 하는 사고방식을 적극적으로 받아들이면서 생활의 질이나 행복도를 측정해야 한다고 강력하게 요구하기 시작했습니다.

여섯째, 34개국으로 구성되어 있으며 주로 선진국이 가입하는, 파리에 본부가 있는 경제협력개발기구Organization for Economic Cooperation and Development: OECD에서 내놓은 '당신의 더 나은 삶 지수'Your Better Life Index: BLI'가 있습니다. 이 지표에 대해서는 후술하겠습니다만, 주택과 수입 같은 항목에 점수를 매겨 행복도를 평가합니다.

일곱째, 1976년에 등장해 세계에 충격을 준 부탄의 국민총행복지수Gross National Happiness: GNH라는 개념이 있습니다. 부탄은 당시 대단히 가난한 나라였습니다만, 국민의 97%가 스스로 행복하다고 답했었습니다. 그러나 그 34년 후인 2010년에 부탄 스스로 아홉 가지 변수를 사용해 국민 행복도를 평가한 결과 그들의 행복도가 절반 이하로 떨어졌습니다. 생각건대, 1970년대의 부탄 사람들은 다른 나라 사람들이 경제적으로 얼마나 풍족하게 생활하는지 알 수 없었습니다. 그 후 다소라도 더 풍족해져 TV나 인터넷으로 세계 각국의 사정을 알게 되었고, 그리하여 자기들이 별로 풍족하지 않다고 느끼게 되어 행복도가 그다지 높지 않게 나온 것이 아닌가 합니다.

이것은 냉전이 끝나기 직전에 동독, 폴란드, 체코슬로바키아, 헝가리 같은 동유럽 나라 사람들이 TV 등을 통해 서방측의 생활을 보고 자신의 생활이 얼마나 비참한지 알게 되었고, 그러한 인식이 결국 동서의 벽을 허물어뜨렸다는 이야기와 일맥상통합니다. 즉, 정보가 중요하다는 것을 나타냅니다. 아무튼 부탄에 대해서는 뒤에서 다시 자세하게 설명하겠습니다.

2. 행복의 국제 비교

그러면 세계에서 어느 나라 사람들의 행복도가 높은지를 구체적인 지표들로써 소개해보겠습니다.

먼저 〈표 1-1〉은 영국의 레스터 대학교에서 2006년에 178개국을 대상으로 수행한 연구를 토대로 각국에 행복도 순위를 매긴 것으로, 상위 20개국을 열거한 것입니다. 이 조사는 ① 양호한 건강관리, ② 높은 GDP, ③ 교육 기회, ④ 경관景觀의 예술적 아름다움, ⑤ 국민들의 강한 동일성, ⑥ 국민들의 신앙심 등을 기준으로 해서 계측한 것입니다. 1위는 덴마크이고, 스위스, 오스트리아, 아이슬란드 등이 그 뒤를 이었습니다. 참고로 미국은 23위, 독일은 35위, 영국은 41위, 프랑스는 64위, 중국은 82위입니다. 일본은 90위로, 거의 중간의 행복도라고 평가할

〈표 1-1〉 행복도 순위 상위 20개국

순위	국가 이름
1	덴마크
2	스위스
3	오스트리아
4	아이슬란드
5	바하마
6	핀란드
7	스웨덴
8	부탄
9	브루나이
10	캐나다
11	아일랜드
12	룩셈부르크
13	코스타리카
14	몰타공화국
15	네덜란드
16	앤티가 바부다
17	말레이시아
18	뉴질랜드
19	노르웨이
20	세이셸공화국

주: 기타 순위는 다음과 같다. 23위 미국, 35위 독일, 41위 영국, 64위 프랑스, 82위 중국, 90위 일본, 125위 인도, 167위 러시아.
자료: ≪クーリエ・ジャポン≫, 2010年 7月号, p. 119.

수 있으며, 대국 인도나 러시아는 일본보다 하위에 있습니다. 일본의 행복도는 세계적으로 높지도 않고 낮지도 않은 그저 그만한 정도로 이해할 수 있습니다.

앞의 여섯 개 기준으로 국민 행복도를 계측하는 것의 보편성에 대해서는 이론이 있을 것입니다. 예를 들면 선진국과 발전도상국 간에는 GDP를 얼마나 중요하게 생각하는지에 따라 가중 방식이 다를 것이고, 경관의 아름다움이나 신앙심 같은 것은 그것을 중시하는 국민이 있고 중시하지 않는 국민이 있을 것이기 때문입니다. 그러나 178개국이라는 많은 표본을 대상으로 할 때에는 모든 나라에 공통된 기준을 생각할 수는 없으므로 어느 정도 자의성을 피할 수 없을 것이니만큼 여기서는 그에 대해 논하지는 않기로 하겠습니다.

다음의 〈그림 1-1〉은 세계 57개국에서 설문 조사한 결과입니다. "대단히 행복하다"와 "조금 행복하다"를 합한 수치가 많은 순서대로 나열한 〈그림 1-1〉을 보면 1위인 뉴질랜드에 이어 노르웨이, 스웨덴, 캐나다, 말레이시아, 스위스 등이 그 뒤를 잇고, 일본은 24위를 기록해 여기서도 중간쯤에 있습니다. 참고로 덴마크는 이 그림에서는 고려되어 있지 않습니다. 아래쪽으로 가면 확실히 발전도상국이 많고, 위쪽에 있는 상위 나라들을 보면 GDP가 비교적 높은 나라가 많습니다. 아무래도 경제가 풍족한 쪽이 행복도가 높은 것이 아닌가 하는 인상을 〈그림 1-1〉에서

〈그림 1-1〉 행복도 국제 비교(2005년 전후)

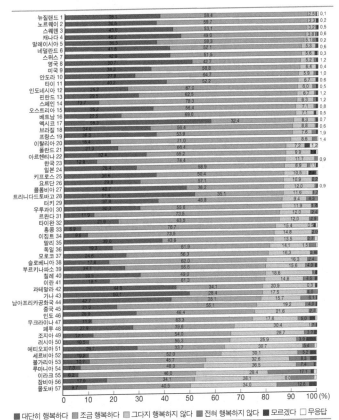

주: 각국의 전국 18세 이상 남녀를 대상으로 약 1000~2000개 샘플의 회수를 기본으로
한 의식조사 결과로, 행복도를 "대단히 행복하다"와 "조금 행복하다"의 합계로 파악
해 그 크기순으로 나열한 것이다. "모르겠다"와 무응답의 수치는 표시하지 않았다.

자료: 세계 가치관 조사(WVS) 홈페이지(http://www.worldvaluessurvey.org/, 2011년
1월 2일).

받을 수 있습니다.

다음으로 앞에서 소개한 바 있는, OECD의 당신의 더 나은 삶 지수에 의거한 결과를 보기로 합니다. 〈표 1-2〉는 선진 34개국이 가입한 OECD에서 주택, 수입, 고용, 커뮤니티, 교육, 환경, 거버넌스(정치를 말함), 건강, 생활 만족도, 안전, 일과 생활의 균형Work-Life Balance: WLB*이라는 열한 가지 항목을 설문 조사한 결과를 보여줍니다. 일본은 선진국 그룹 가운데 열아홉 번째로, 한가운데에 위치한다는 특징을 읽을 수 있습니다.

이 표에서 가장 재미있는 것은, 일본인들이 어떤 분야에서 좋은 생활을 보내고 있다고 스스로 진단하는가 하는 점입니다. 일본인들이 제일 높게 평가하는 것은 9.7의 안전입니다. 범죄 수가 그리 많지 않다는 것에 대한 평가입니다. 그러나 후쿠시마福島 제1원자력발전소 사고가 있기 전의 조사인 만큼 다시 조사하면 다른 결과가 나올는지 모릅니다. 그다음으로 높은 것이 8.8의 교육입니다. 일본의 의무교육은 거의 완성 단계에 있는바, 고등학교 진학률이 97%, 대학 진학률도 50%를 넘어 교육이 상당히 잘되고 있다고 평가한 것입니다.

---

* '일과 삶의 균형' 또는 '일과 생활의 조화'라고 번역되기도 하는데, "국민 한 사람한 사람이 보람이나 충실감을 느끼고 일하면서 일에 책임을 다하는 동시에 가정이나 지역사회에서도 육아기, 중고년기(中高年期) 같은 인생의 각 단계에 따라 다양한 생활 방식을 선택·실현할 수 있는 것"을 가리킨다.

〈표 1-2〉 생활의 분야별 만족도

평균 순위	국가 이름	주택	수입	고용	커뮤니티	교육	환경	거버넌스	건강	생활 만족도	안전	일과 생활의 균형
1	오스트레일리아	9.3	3.2	8.4	8.8	7.2	9.2	9.4	8.9	9.0	9.2	6.5
2	캐나다	9.6	4.0	8.4	8.7	9.0	9.1	5.6	8.7	9.6	9.2	7.1
3	스웨덴	8.0	3.4	8.3	9.2	7.6	10.0	8.2	8.2	9.0	8.1	8.1
4	뉴질랜드	9.3	1.7	8.7	9.7	7.6	9.7	7.6	8.7	8.0	9.1	6.8
5	노르웨이	8.3	2.9	9.3	7.6	7.6	8.9	6.3	8.0	9.3	9.0	8.8
6	덴마크	8.3	2.6	8.4	9.5	6.7	8.8	6.7	6.5	10.0	8.4	9.1
7	미국	9.3	6.5	6.6	7.1	8.0	8.2	7.7	7.2	8.0	7.6	6.9
8	스위스	7.7	4.9	9.1	7.6	7.9	7.6	3.3	8.9	9.0	8.6	8.2
9	네덜란드	8.6	3.8	8.7	8.5	7.2	6.0	5.5	7.8	9.0	8.2	8.7
9	핀란드	8.0	2.5	7.2	7.7	9.0	9.1	6.4	6.5	8.7	8.5	8.4
11	룩셈부르크	8.0	10.0	7.2	8.6	5.2	9.5	2.9	7.5	7.7	8.2	7.0
12	아이슬란드	7.4	2.1	9.1	10.0	6.1	9.2	5.4	8.4	7.0	9.5	7.1
13	영국	7.9	4.0	7.1	8.5	6.3	9.5	6.3	7.1	7.4	8.5	7.0
14	오스트리아	7.3	3.7	8.3	8.4	6.1	6.3	6.2	7.0	8.3	9.1	7.0
14	아일랜드	8.8	2.7	3.4	9.8	6.3	9.6	5.6	8.0	8.3	8.6	6.6
16	독일	7.4	3.7	6.9	7.8	7.7	8.8	4.4	6.4	6.4	8.8	8.0
17	벨기에	9.2	4.1	5.1	7.3	6.8	7.8	5.8	7.2	7.0	7.0	8.4
18	프랑스	7.8	3.6	5.6	8.0	6.4	9.5	4.5	7.5	6.7	8.0	7.7
19	일본	6.1	3.7	7.5	5.7	8.8	6.7	4.8	5.1	4.5	9.7	4.1
20	이스라엘	4.7	3.0	5.9	7.5	6.3	6.6	2.0	8.2	8.7	8.3	5.0
21	슬로베니아	5.9	2.0	6.3	6.3	6.8	6.3	5.9	5.2	4.5	8.8	7.4
22	스페인	8.3	2.5	1.8	8.1	4.2	6.6	5.6	7.4	4.8	8.5	6.9
23	체코	6.4	1.3	6.1	5.3	7.3	8.4	4.2	5.1	4.8	8.3	7.2
24	이탈리아	6.8	3.4	4.3	3.8	4.6	7.4	5.0	7.0	5.4	8.2	6.6
25	폴란드	4.4	0.8	5.6	7.1	7.9	5.1	5.2	3.3	3.5	9.1	6.6
26	한국	4.4	1.5	7.6	0.5	9.0	6.0	5.9	4.5	4.5	8.7	5.6
27	그리스	5.8	2.1	3.9	3.8	5.1	5.7	5.1	7.3	3.5	8.6	6.9
28	슬로바키아	5.7	0.9	2.2	5.7	7.2	9.4	3.1	0.6	4.5	8.4	6.9
29	헝가리	3.7	0.9	3.2	5.2	7.1	9.0	4.8	2.1	0.0	8.4	6.9
30	포르투갈	6.5	2.0	4.7	2.3	2.8	7.9	4.0	4.6	0.6	7.6	7.7
31	에스토니아	2.8	0.8	2.9	3.0	8.1	9.5	2.1	2.3	1.2	5.4	7.3
32	칠레	3.9	0.0	6.5	3.4	4.2	0.0	4.2	4.4	6.1	3.4	5.7
33	멕시코	3.6	0.7	7.1	4.4	0.4	5.6	4.7	3.7	6.7	0.0	3.3
34	터키	0.0	0.4	3.2	0.0	1.8	4.7	5.6	3.0	2.5	7.0	1.9

자료: 磯山友幸(2011.6.1).

반대로 평가가 낮은 것은 3.7의 수입收入입니다. 생활 만족도도 4.5로 낮습니다. '잃어버린 20년'이라 하듯이 경제 부진에 따라 국민소득이 늘어나지 못한 것이 반영된 것이겠지요. 또는 '격차 사회'나 '빈곤 사회'라는 말이 있듯이 소득이 대단히 낮은 사람도 상당수 있는 등 자신의 소득에 그다지 만족하지 못하는 사람이 적지 않다는 것을 알 수 있습니다. 두 번째로 낮은 만족도를 보이는 분야가 4.1의 일과 생활의 균형입니다. 지나치게 오랜 시간 일하는 남성들의 불만과 일 때문에 육아에 충분한 시간을 내지 못해 괴로워하는 여성들의 불만이 그런 결과를 나타냈다고 생각합니다.

이어서 주택, 커뮤니티, 환경, 거버넌스, 건강 같은 항목에 대해서는 좋지도 않고 나쁘지도 않다는 평가를 보였습니다. 주택으로 말하면, 살 집이 없는 것 같은 시대는 아니지만, 아직 양질의 집에 살 수는 없는 현실을 반영한 것으로 보입니다. 불가사의한 것은 건강으로, 장수국 일본이라면 만족도가 높을 것이라는 예상과 다른 결과가 나왔는데, 이는 오래 살기는 하지만 그에 따라 질병이나 요양 보호 문제로 고생하게 되어 그렇게 행복한 것은 아니라는 것일까요?

그다음으로, 경제학에서는 소득이 올라가고 소비가 늘어나면 효용도 상승한다는 것을 전제로 해왔습니다. 이것을 국제적으로 비교한 것이 〈그림 1-2〉입니다.

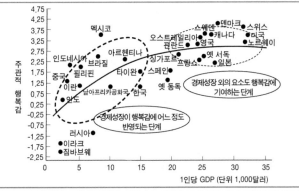

〈그림 1-2〉 경제성장과 행복감

주: 1995~2007년에 97개국·지역을 대상으로 시행한 조사 결과에서 일부를 발췌했으
며, 세로축은 행복감과 생활 만족도에 관한 설문을 지표화한 것이다.
자료: 電通總研, 「世界價値觀調査」.

　오른쪽 위에 있는 그룹은 선진국들입니다. 일본인들의 만족
도는 여기서도 한가운데에 있습니다. 왼쪽 아래에 있는 그룹은
그리 풍족하지 않은 나라들입니다만, 풍족한 나라라 하더라도
경제성장 외의 요소들이 국민 행복도에 기여하는 것이 아닌가
하는 생각이 들게 하는 것이 이 그룹입니다. 이라크, 짐바브웨,
러시아 등은 경제는 그리 풍족하지 않고 국민 불만도도 높은 나
라들입니다. 이 세 나라 위쪽에 있는 그룹으로 말하면 행복도가
높은 나라들도 있고 낮은 나라들도 있다는 특징을 보여줍니다.
오른쪽 위에 있는 그룹을 보면 경제적으로 풍족하다는 것이 행
복의 제1조건이 되어 있기는 하나 일본, 프랑스, 서독의 경우 덴

마크, 스웨덴, 스위스 등보다 행복도가 낮은데, 이는 경제적 풍족함만으로 국민 행복도를 측정하는 것이 타당하지 않다는 것을 보여주는 것이 아닐까 합니다.

여기에 게시한 도표 몇 개를 종합하면 오스트레일리아, 캐나다, 스웨덴, 뉴질랜드, 노르웨이, 덴마크 같은 오세아니아와 북유럽 나라들의 국민 행복도가 높다는 결론을 우선 낼 수 있을 것 같습니다.

예를 들어 오스트레일리아나 캐나다 사람들이 어느 항목들에서 만족하는지를 보면 환경, 주택, 안전입니다. 이 나라들에서는 땅이 넓어 쉽게 큰 집을 지을 수 있습니다. 스웨덴, 노르웨이, 덴마크는 복지국가라는 면에서 일과 생활의 균형, 건강, 사회보장, 교육, 환경문제에서 안심도가 매우 높고 행복도가 높은 것을 볼 수 있습니다.

런던 정치경제대학교의 전문가 리처드 레이어드Richard Layard가 주로 미국과 유럽 여러 나라를 대상으로 해서 정리한 책으로 『행복의 함정: 가질수록 행복은 왜 줄어드는가Happiness』라는 것이 있습니다. 유럽인과 미국인들이 어떤 분야에서 어떠할 때 행복해하는지 나타낸 것인데, 다음 세 가지 도표가 그것을 보여줍니다. 참고로 레이어드의 나라인 영국의 행복도는 앞의 〈표 1-2〉에서 선진국 가운데 열세 번째로 열아홉 번째인 일본보다 높은 곳에 있습니다.

〈표 1-3〉 미국 여성들은 누구와 만날 때 행복한가

상대방	평균 행복도	하루 중 사용 시간
친구	3.7	2.6
친척	3.4	1.0
배우자	3.3	2.7
자녀	3.3	2.3
손님	2.8	4.5
동료	2.8	5.7
혼자 있을 때	2.7	3.4
직장 상사	2.4	2.4

자료: Layard(2005).

〈표 1-3〉은 미국 여성들이 누구와 만날 때 가장 행복한지 보여줍니다. 미국인들의 행복도는 선진국 중에서 일곱 번째로 비교적 높은 그룹에 속합니다만, 최고 수준은 아닙니다. 〈표 1-3〉에 따르면 위로부터 친구, 친척, 배우자, 자녀, 손님, 동료의 순이고, 맨 아래에는 혼자 있을 때와 직장 상사가 있습니다. 직장 상사와 있을 때 가장 불행하다는 것은 대체로 이해할 수 있는 반응이겠지요.

〈그림 1-3〉은 하루 중 몇 시 무렵에 가장 행복한가 하는 것입니다. 〈그림 1-3〉을 보면 한밤중에 가장 행복합니다. 반대로 아침에 기상했을 때가 가장 불행하다고 나오는데, 아침에 억지로 깨워졌을 때 가장 불행하다는 것은 이해할 수 없는 바가 아닙니다. 반대로 식사가 끝나고 가족과 함께 있는 밤 시간이 가장 행복한 시간입니다.

〈그림 1-3〉 하루 중 어느 때 행복한가

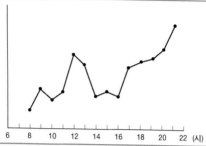

자료: Layard(2005).

〈표 1-4〉 무엇을 할 때 행복한가

활동	평균 행복도	평균 시간(하루 중)
섹스	4.7	0.2
사회적 활동	4.0	2.3
휴식	3.9	2.2
기도·설교·명상	3.8	0.4
식사	3.8	2.2
운동	3.8	0.2
TV	3.6	2.2
쇼핑	3.2	0.4
요리	3.2	1.1
전화	3.1	2.5
육아	3.0	1.1
컴퓨터·이메일·인터넷	3.0	1.9
가사	3.0	1.1
근로	2.7	6.9
통근	2.6	1.6

자료: Layard(2005).

〈표 1-4〉는 무엇을 할 때 가장 행복한가 하는 것입니다. 1위는 섹스이고, 이어서 사회적 활동과 휴식, 그다음 네 번째가 기도·설교·명상입니다. 이어서 식사, 운동, TV, 쇼핑, 요리, 전화 등의 순서로, 말하자면 불행도가 높아집니다. 육아는 별로 즐겁지 않은 것 같습니다. 그러고는 컴퓨터·이메일·인터넷이 위치하는데, 제2장에서 소개하는 일본의 결과와 달라 아주 뜻밖이었습니다. 그리고 맨 아래쪽에 가사와 근로가 위치하는바, 일한다는 것이 미국 여성들에게는 고통인 것 같습니다.

지금까지 살펴본 것에 의하면 소득이 높은 선진국이라 하더라도 소득이 높아진다고 반드시 행복이 비례적으로 커지는 것은 아님을 알 수 있었습니다. 이를 설명해주는 이스털린 가설을 여기에 소개합니다. 이는 미국의 경제학자 이스털린이 주장한 것으로, 그 첫 번째가 '상대소득가설'이고 두 번째가 '순응가설'입니다.

먼저 상대소득가설이란 자신의 소득을 주변 사람들과 비교해 자신의 행복도와 불행도를 측정한다는 것입니다. 예전의 일본처럼 소득분배의 평등도가 높은 경우에는 모든 사람의 소득이 같이 늘어난다면 그다지 행복하다고 느끼지는 않을지라도 그다지 불행하다고 느끼지도 않는다는 말이 됩니다. 그러나 주변 사람의 소득이 늘어나 큰 집을 사고 외제 차를 사고 별장까지 산 것을 보면 '나는 아무래도 불행해, 혜택받지 못한 사람이야'라고 생각할 확률이 높다는 것이 '상대소득가설'입니다.

저는 일본에서 격차 사회가 시작된 것이 1980년대부터라고 말해온 사람인 만큼 이것을 잘 설명할 수 있습니다. 1인당 실질 소득이 오르면서 평균적으로는 풍족해지고 있었으나 격차가 확대되고 있었던 것이 사실입니다. 그런데 소득 격차가 큰 나라일수록 국민들의 생활 만족도가 낮을 가능성이 있습니다. 이 경우 격차의 아래쪽에 있는 사람들이 만족도가 낮을 것입니다. 이 격차가 행복도에 미치는 영향에 대해서는 제4장에서 상세히 논하기로 하겠습니다.

또 한 가지가 '순응가설'인데, 한마디로 말하면 인간은 조건의 변화에 곧 대응한다는 것입니다. 가령 지난해 소득보다 올해 소득이 상당히 늘어났다고 합시다. 그 경우 행복도가 조금 높아질는지 모릅니다만 곧 그에 익숙해져 버린다는 것입니다. 그러고는 '내 소득은 이 정도에 지나지 않아'라고 생각하고 지난해의 소득을 잊고 산다는 것이지요.

그리하여 격차가 확대되면 빈곤한 사람의 수가 늘어날 것이고 이 경우 상대소득가설에 의하면 빈곤한 사람들의 불행도가 높아집니다만, 격차의 위쪽에 있는 사람들은 순응가설에 의하면 소득이 지난해보다 증가했다 하더라도 지난해에 대해서는 잊어버리고 소득 증가를 당연하다고 생각하면서 행복을 그다지 느끼지 못합니다. 고소득자들은 순응가설에 따라 행복도가 그다지 오르지 않고 저소득자들은 상대소득가설에 따라 불행감이 더 커집니다. 1인당 GDP가 상승했으므로 국민 행복도가 올라갔으리라는 예상과 달리 국민들의 생활 만족도와 행복도가 저하되었다는 사실을 저는 이 두 가지 가설을 통해 설명할 수 있다고 생각합니다.

제2장

일본인들은 행복을
어떻게 생각하나

일본인들은 '행복'을 어떻게 파악하는지 논하는 것이 이번 장의 목적입니다. 먼저 일본에서는 지역 간 격차가 크다는 인식이 있는데, 이것과 각 지역에 사는 사람들의 행복감 사이의 관계, 기업이 수행하는 역할 등을 분석합니다. 다음으로 일본에서는 어떤 사람들이 어떤 것들에서 '행복'을 느끼는지 제시합니다. 마지막으로 사람들의 성격 차이가 행복감의 의사를 표현하는 데 어떤 영향을 미치는지 살펴봅니다.

1. 일본의 지역 간 격차

도쿄 일극 집중

저는 '행복'을 연구하기 전에 격차에 관해서 상당히 깊게 분석해왔습니다. 일본에서는 어떤 사람들이 어떤 것들에서 행복을 느끼는지 소개하기 전에 일본의 지역 간 격차에 관해서 조금 서술해보고 싶습니다.

먼저 소득, 행복도, 기업 집중도 또는 모든 경제활동에서 지역 간 격차가 어느 정도로 존재하는지 제시한 다음, 마지막으로 그것들이 지역별 행복도에 어떻게 반영되는지를 살펴보겠습니다.

우선 〈그림 2-1〉을 보면 지금으로부터 17년 전인 1996년에서 2008년 사이에 지역 간 소득 격차가 오른쪽 위 방향으로 확대되었다는 것을 알 수 있습니다. 다음으로 〈그림 2-2〉는 도도부현_{都道府縣}별 1인당 소득을 나타낸 것인데, 도쿄 도_{東京都}가 다른 어떤 도부현_{道府縣}보다 월등히 높고 오키나와_{沖縄}에 비해서는 소득이 두 배에 달한다는 것을 보여줍니다.

그리고 〈표 2-1〉은 구체적으로 어떤 분야가 도쿄에 집중되어 있는지 나타낸 것입니다. 도쿄 주식시장에 상장된 기업의 6할 전후가 도쿄에 본사를 갖고 있는데, 그중에서도 집중도가 높은 것이 정보 서비스업과 광고업입니다. 구체적으로 말하면 매스

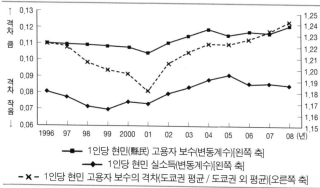

〈그림 2-1〉 지역 간 소득 격차(1인당)의 추이

주: 內閣府, 「県民經濟計算」(각 연도 판)에 의거해 추정한 것이다.

〈그림 2-2〉 도도부현별로 본 1인당 국민소득(실질, 2005년도, 2010년도)

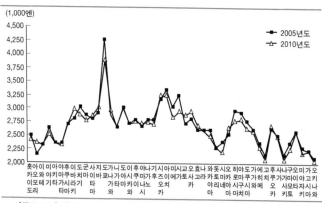

* 전국(2005년)의 물가수준=100으로 하고 1인당 현민소득을 실질화해 비교한 것이다.
주: 內閣府 經濟社會總合研究所, 「縣民經濟計算年報」(각 연도 판)을 토대로 작성했다.

<표 2-1> 전국 대비 도쿄권이 차지하는 비율

변수	연도	단위	전국(A)	도쿄권(B)	B/A(%)
총면적	2008	km^2	377,944	13,557	3.6
인구	2008	1000명	127,076	34,617	27.2
도쿄권 내 총생산	2007	10억 엔	520,292	165,020	31.7
1인당 현민소득(도쿄권)	2007	1000엔	3,059	3,633	118.8
1인당 현민소득(도쿄 도 한정)	〃	〃	3,059	4,540	148.4
1인당 고용자 보수(도쿄권)	2007	1000엔	4,868	5,574	114.5
1인당 고용자 보수(도쿄 도 한정)	〃	〃	4,868	6,383	131.1
도쿄 증권거래소 상장 기업 수	2008	〃	2,373	1,524	64.2
그중 제1부	〃	〃	1,714	1,071	62.5
그중 제2부	〃	〃	463	290	62.6
지방정부 세입 중 지방세	2007		43.1%	70.7%	
은행예금 잔고	2008	10억 엔	564,702	244,229	43.2
은행 대출금 잔고	〃	〃	422,247	218,397	51.8
정보 서비스업 매출고	〃	〃	15,466	11,392	73.7
광고업 매출고	〃	〃	8,537	5,448	63.9
대학생 수	2009	1000명	2,846	1,156	40.6

주: 도쿄권이란 도쿄 도, 사이타마 현, 지바 현, 가나가와 현을 가리킨다.
자료: 日本政策投資銀行地域企画部地域振興グループ(2010); 東洋經濟新報社(2011).

컴, 신문사, TV사, 출판사, 광고 회사들입니다. TV 방송국을 예로 들면 이른바 '키 국key 局'이라 불리는 방송국들은 모두 도쿄에 있고 그 밖의 지방 방송국들은 대개 도쿄의 '키 국'들이 제작한 프로그램들을 주로 방송합니다. 또한 '거대 신문'이라고 불리는 신문들의 본사 기능도, 옛날에는 오사카大阪에 ≪아사히 신문朝日新聞≫과 ≪마이니치 신문每日新聞≫의 본사가 있었습니다만, 이제는 도쿄로 옮겨져 있습니다. <표 2-1>을 보면 이른바 정보 발신 기관인 매스컴들의 도쿄 집중이 심하다는 것을 금방 알 수 있습니다. 상징적 예를 하나만 들면, 도쿄에 눈이 1센티미터 쌓이면 그것이 전국의 톱뉴스로 보도됩니다. 그 뉴스를 보는 전국 각지의 지방 사람들은 저것이 왜 톱뉴스인가 하고 고개를 갸웃할 것입니다. 그래서 지방 사람들은 "그런 것은 도쿄 로컬 뉴스로 돌려!"라고 볼멘소리를 외치기도 합니다.

마지막으로, 대학생들도 도쿄권에 집중되어 있습니다. 4할의 대학생이 도쿄권에 사는데, 이것은 여타 선진국의 수도들보다 대단히 높은 수치입니다.

저처럼 교토京都의 대학에 오래 근무하다 보면 연구와 교육을 담당하는 대학이 도쿄라는 혼잡하고 시끄러운 곳에 있어야 할 필요를 느낄 수 없습니다. 유럽과 미국의 대학들처럼 각 지방의 조용한 곳들에 분산해 있는 쪽이 좋을 것입니다.

왜 도쿄권에 학생들이 집중되어 있을까요? 그것은 우선 대학들이 거기 있어서이고, 그다음으로는 지방 출신 학생으로서는 한 번만이라도 좋으니 도회지 생활을 할 수 있는 도쿄에서 살아보고 싶다는 희망을 품기 때문인 것 같습니다. 확실히 도쿄에는 자극이 많고 또 아르바이트할 곳도 많아 학비를 벌기 쉬운 점이 있을 것입니다. 다만 졸업 후에는 될 수 있으면 지방으로 돌아가 일하고 싶다는 학생이 많습니다만, 지방에는 일이 많지 않아 도쿄에 남지 않을 수 없는 것이 일본의 현실이지요.

지역 간 격차의 소재

제가 2008년에 시행한, 지역 이동과 생활환경에 관한 대규모 설문 조사 결과를 소개하겠습니다. 설문 배포처는 크게 나누어 두 그룹으로, 하나는 지역 주민들이었고 다른 하나는 해당 지역에서 사업을 하는 기업들이었습니다.

〈그림 2-3〉에서 〈그림 2-6〉까지처럼 먼저 전국을 홋카이도北海道·도호쿠東北에서 남규슈南九州까지 열한 곳으로 나누었습니다. 간토關東 I 은 도쿄를 중심으로 사이타마埼玉·지바千葉·가나가와神奈川를 더한 지역을, 간토II는 이바라키茨城·도치기栃木·군마群馬 지역을, 긴키近畿 I 은 교토·오사카·효고兵庫 지역을, 긴키II는 시가滋賀·나라奈良·와카야마和歌山 지역을 가리킵니다.

그림들은 먼저 자신이 사는 지역의 소득, 고용, 자연환경, 거주환경 등을 평가하게 해서 집계한 결과를 나타냅니다. 첫째, 소득과 관련해서는 간토 I , 긴키 I , 도카이東海라는, 이른바 3대 도시권으로 불리는 지역에 거주하는 사람들이 자신이 사는 지역의 소득이 높다고 판단합니다. 둘째, 자기 지역의 고용 사정과 관련해서는, 마찬가지로 간토 I , 도카이, 긴키 I 의 거주자들이 자기 지역에 일할 곳이 많다고 평가합니다.

그러나 자기가 사는 지역의 자연환경, 거주환경만을 놓고 보면 소득과 고용과는 전혀 다른 평가가 나옵니다. 다시 말해 그

〈그림 2-3〉 거주 지역에 대한 주민들의 의식 ①

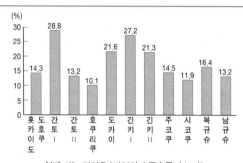

현재 사는 지역은 "지역의 소득수준이 높다"
: "그렇다고 생각한다" 또는 "어느 쪽인지 모르겠다"

자료: 「地域移動と生活環境に関するアンケート調査」(2008년).

〈그림 2-4〉 거주 지역에 대한 주민들의 의식 ②

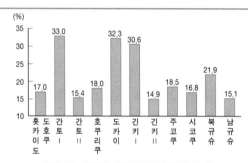

현재 사는 지역에는 "일자리가 다양하게 있다"
: "그렇다고 생각한다"' 또는 "어느 쪽인지 모르겠다"

자료: 「地域移動と生活環境に関するアンケート調査」(2008년).

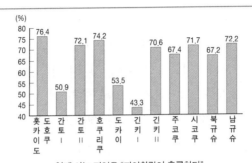

〈그림 2-5〉 거주 지역에 대한 주민들의 의식 ③

현재 사는 지역은 "자연환경이 훌륭하다"
: "그렇다고 생각한다" 또는 "어느 쪽인지 모르겠다"

자료: 「地域移動と生活環境に関するアンケート調査」(2008년).

〈그림 2-6〉 거주 지역에 대한 주민들의 의식 ④

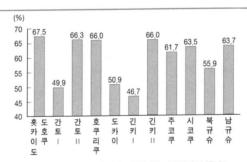

현재 사는 지역은 "경치나 조용함 등 거주환경이 좋다"
: "그렇다고 생각한다" 또는 "어느 쪽인지 모르겠다"

자료: 「地域移動と生活環境に関するアンケート調査」(2008년).

밖의 지역들이 토지가 넓고 공기가 맑으며 풍경도 아름답다는 판단들을 하는 것입니다.

따라서 조금 대담하게 해석하자면 사람들은 소득과 일이냐, 자연환경과 거주환경이냐 중 한쪽을 선택해 사는 것이 됩니다. 일자리나 소득이 별로 없을지 모르나 생활하기 아주 좋으므로 지방에 살기로 결단한 사람들이 있을 것이고, 반대로 소음이 심하고 교통도 혼잡하며 거주하기도 쉽지 않지만 일자리가 있고 소득이 높다는 것이 매력적이어서 대도시에 살기로 결단한 사람들도 있을 것입니다.

다음은 〈그림 2-7〉에서 〈그림 2-10〉까지입니다. 기업들이 본사 소재 지역을 어떻게 평가하는지 설문 조사한 결과인데, 네 가지 사항을 조사했습니다. 먼저 교통편에 장점이 있다는 응답률은 간토 I, 긴키 I, 북규슈北九州가 뜻밖에도 높았습니다.

이어 〈그림 2-8〉은 공장이나 사무실을 지을 때 땅값이 싸다는 장점이 있는지를 조사한 결과입니다. 간토 I 이나 긴키 I 은 땅값이 비싼 데 비해 지방은 싸므로 공장이나 사무실을 짓기 쉽다는 것을 보여줍니다.

〈그림 2-9〉는 해당 지역의 교육 수준을 — 예를 들어 대학이나 연구 기관들이 있어 그 기관들과 공동 연구를 하거나 조언을 받거나 하는 등의 장점이 얼마나 존재하는지를 보여줍니다. 간토 I 이 높은 것은 예상대로입니다만, 북규슈에 이어 홋카이도와

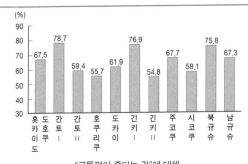

〈그림 2-7〉 근무하는 기업의 본사 소재지에 대한 평가 ①

"교통편이 좋다는 것"에 대해
: "큰 장점으로 본다" 또는 "약간의 장점으로 본다"

자료: 「企業立地の地域間格差に関するアンケート調査」(2008년).

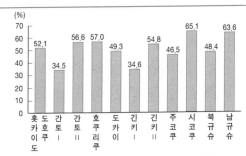

〈그림 2-8〉 근무하는 기업의 본사 소재지에 대한 평가 ②

"용지로 쓰는 토지 가격이 낮다"라는 것에 대해
: "큰 장점으로 본다" 또는 "약간의 장점으로 본다"

자료: 「企業立地の地域間格差に関するアンケート調査」(2008년).

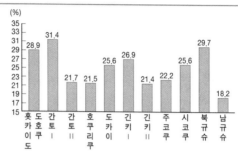

〈그림 2-9〉 근무하는 기업의 본사 소재지에 대한 평가 ③

"지역의 교육 수준(대학이나 연구 기관들의 존재)"에 대해
: "큰 장점으로 본다" 또는 "약간의 장점으로 본다"

자료: 「企業立地の地域間格差に関するアンケート調査」(2008년).

〈그림 2-10〉 본사 소재지별로 본 본사 입지 이전 희망

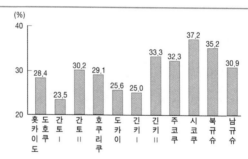

"(이전 비용을 감당할 수 있다면) 당신이 근무하는 기업의 본사를 이전하는 것이
바람직하다고 생각하느냐"에 대해
: "이전하는 것이 바람직하다" 또는 "이전하는 것이 약간 더 바람직하다"

자료: 「企業立地の地域間格差に関するアンケート調査」(2008년).

도호쿠가 높고, 반대로 긴키 I 은 별로 높지 않았습니다.

개인적으로 생각건대, 앞으로 간사이關西 경제가 잘되는 데에는 이 연구와의 결합이 대단히 중요합니다. 예를 들어 지금 간사이 생명공학 산업이 강한 이유 중 하나는 교토 대학, 오사카 대학 등 유력 대학들이 이 분야에서 우수한 연구 결과들을 내기 때문입니다.

그러나 아시다시피 근년에 오사카에 있는 기업들, 상사나 은행들, 그리고 스미토모住友계 기업들이 본사를 도쿄로 이전해버렸습니다. 간사이 경제의 쇠락을 상징하는 것이 본사의 도쿄 이전입니다. 다만 교토를 대표하는 기업인 교세라京セラ, 오므론オムロン, OMRON, 시마즈島津 제작소, 무라다村田 제작소, 닌텐도任天堂, Nintendo 등은 이전하지 않았습니다. 그들에게 물은즉, 우선 민간의 활동은 민간이 해야 하는 것인 만큼 관청의 보살핌을 받을 필요가 없으니 본사가 도쿄에 있을 필요가 없고, 둘째로 오늘의 경제는 비즈니스 상대방이 국내에만 있는 것이 아니고 전 세계에 걸쳐 있는 글로벌 경제인 만큼 굳이 도쿄에 주목할 필요는 없다는 것이었습니다.

마지막으로 〈그림 2-10〉을 보면 본사 이전이 바람직하다는 생각을 하는 기업은 지방에 많습니다. 역시 지방 기업으로서 지닌 불리한 조건을 인식하는 기업이 상당수 존재한다는 것을 알 수 있습니다.

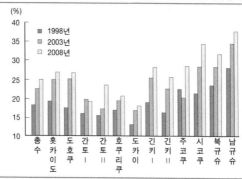

〈그림 2-11〉 지역 블록별로 본 저소득 세대의 비율

(실소득이 200만 엔 이하인 세대의 비율)

주: ① 각 연도 저소득 세대의 비율은 전후 3년간의 이동 평균값으로 산출했다.
② 厚生勞働省, 「國民生活基礎調査」(각 연도 판)에 의거해 계산한 것이다.

그다음으로 〈그림 2-11〉은 지역 내에서 빈부 격차가 얼마만큼 존재하는지를 나타냅니다. 실소득이 200만 엔 이하인, 빈곤상태에 가까운 세대가 얼마만큼 존재하는지를 보면 남규슈, 시코쿠四國, 북규슈, 주코쿠中國의 순으로 많습니다. 긴키 I 에는 오사카라는 지역의 특수성이 존재합니다. 오사카 부府는 빈부 격차가 상당히 큰 곳이고 따라서 빈곤한 사람이 많다는 사실이 작용합니다.

그러면 국제 비교를 해보면 어떻게 될까요? 〈그림 2-12〉를 통해 경제협력개발기구OECD 가맹국들의 1인당 국내총생산GDP을 지니계수Gini coefficient(소득 격차를 나타내는 지표)로 비교해보면 일본은 지역 간 격차가 있는 쪽에 속한다고 할 수 있고, 스웨덴

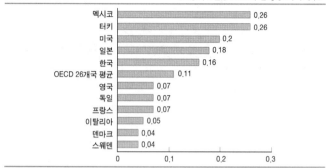

〈그림 2-12〉 노동자 1인당 GDP의 지역 간 격차(2003년)

(노동자 1인당 GDP의 불평등 지니계수)

멕시코	0.26
터키	0.26
미국	0.2
일본	0.18
한국	0.16
OECD 26개국 평균	0.11
영국	0.07
독일	0.07
프랑스	0.07
이탈리아	0.05
덴마크	0.04
스웨덴	0.04

자료: OECD 編著(2008).

이나 덴마크 같은 북유럽 나라들에는 지역 간 격차가 별로 존재
하지 않습니다.

　마지막의 〈그림 2-13〉은 도도부현별로 행복하다고 느끼는 사
람이 얼마만큼 존재하는지를 조사한 결과입니다. 최고로 행복하
다고 느끼는 경우를 10으로 하고 최저로 행복하다고 느끼는 경
우를 0으로 할 때 당신은 자신을 어떻게 생각하느냐를 물은 결
과인데, 〈그림 2-13〉을 보면 행복도가 가장 높은 것은 시가 현이
고 그다음이 나라 현입니다. 이들은 긴키 주변 지역들로, 현민
소득이 의외로 높으면서 자연환경이 좋은 까닭에 행복도가 높을
가능성이 있습니다.

　한편 돗토리鳥取 현, 후쿠시마 현, 사가佐賀 현 등은 자연환경
이나 거주환경이 좋은 곳들이지만 소득이 그리 높지 않고 일자

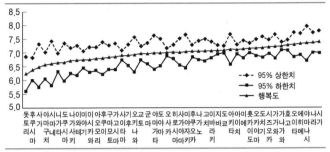

〈그림 2-13〉 47개 도도부현별로 본 지역 주민들의 행복도

주: ① 회답자 수는 1만 827명이다.
② 「地域の生活環境と幸福感についてのアンケート調査」(2010년)로부터 저자들이 작성한 것이다.

리도 별로 많지 않다는 것이 저평가로 연결되었다고 해석할 수 있겠지요.

2. 일본인들은 어디서 행복을 느끼는가

일본인들은 어느 정도의 행복을 느끼는가, 어떤 분야들에서 행복을 느끼는가, 또는 무엇을 할 때 행복을 느끼는가에 대해 먼저 개관해보기로 합니다. 이것은 제가 연구 대표자가 되어 5년간에 걸쳐 상당히 대규모에 달하는 설문 조사를 한 결과의 일부인데, 2011년의 경우 전국적으로 회답자 수가 1만 826명이었습니다.

〈그림 2-14〉는 각자의 행복도·불행도를 앞서 수행한 지역 조

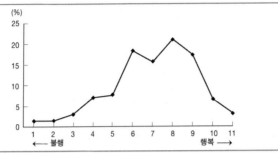

〈그림 2-14〉 일본인의 행복도 · 불행도

주: 회답자 수는 1만 826명이다.
자료: 橘木俊詔科學硏究費, 「地域の生活環境と幸福感」의 2011년 설문 조사.

사와 마찬가지로 10부터 0까지로 자기 평가하게 해서 받은 결과입니다. 가장 많은 대답이 8이고 그다음이 6과 9였는바, 일본인들은 평균 6보다 조금 높은 행복을 느끼고 있었습니다. 이 그래프는 제1장에서 국제 비교를 소개할 때 언급한, 일본인들은 평균 부근에 있다는 것과 맞아떨어집니다.

다만 흥미로운 것은 봉우리가 둘이라는 것인데, 이것은 이런 설문 조사의 숙명이라고도 할 수 있습니다. 어떤 설문 조사든 평균보다 약간 아래라거나 약간 위라고 답하는 사람이 많습니다. 인간은 너무 극단적인 대답을 하지 않는다는 것을 뒷받침하는 사실입니다.

〈그림 2-15〉의 개별 그래프는 〈그림 2-14〉의 "당신은 행복하십니까, 불행하십니까?"라는 질문에 답한 사람들의 특성을 그래

<그림 2-15> 당신은 행복하십니까, 불행하십니까?

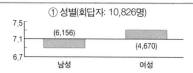

① 성별(회답자: 10,826명)

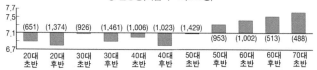

② 연령층(회답자: 10,826명)

③ 건강(회답자: 10,826명)

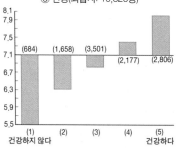

④ 혼인(회답자: 10,826명)

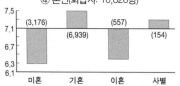

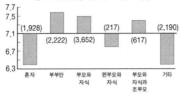

⑤ 가족 구성(회답자: 10,826명)

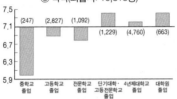

⑥ 학력(회답자: 10,818명)

⑦ 직업(회답자: 7,227명)

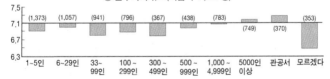

⑧ 근무처의 규모(회답자: 7,227명)

⑨ 근무 형태(회답자: 10,826명)

프화한 것입니다. 이것들에서 다음과 같은 점을 알 수 있습니다.

- 여성이 남성보다 행복도가 높다(①).
- 나이가 많을수록 행복도가 높다(②).
- 건강한 사람이 행복도가 높다(③).
- 기혼자들이 행복하지만, 가족 형태나 구성과 관련해 복잡함이 있다(④, ⑤).
- 학력은 중졸을 제외하면 행복도에 별 영향이 없다(⑥).
- 직업·고용과 관련해서는 노동환경이 좋은 곳에서 일할수록 행복도가 높다(⑦, ⑧, ⑨).

그리고 여기에는 나오지 않습니다만, 여성의 경우 일과 생활의 균형 때문에, 또는 여성도 능력을 살려 일해야 한다는 목소리가 높으므로 근로 여성의 행복도가 높을 것으로 저는 생각해왔습니다만, 뜻밖에도 전업주부의 행복도가 높다는 결과가 나왔습니다.

제 나름의 해설을 해보자면, 우선 나이와 성별과 관련해 가장 행복도가 높은 것은 60대 여성들이었고, 반대로 불행도가 높은 것은 30대 남성들이었습니다. 이것은 일본 사회의 현재 상황을 잘 설명해준다고 생각합니다. 60대 여성들은 건강을 유지하고 있고 자식들이 독립해 양육이 끝났다는 안도감이 있습니다. 돈도 제법 갖고 있고, 방해되는 것은 남편뿐일는지 모릅니다. 그러다가 70대나 80대가 되면 건강에 대한 불안으로 말미암아 행복도가 낮아지는 것이 아닌가 싶습니다.

　그와 반대로 30대 남성 또는 20대 후반 남성들은 불행도가 높습니다. 우선은 실업자가 많기 때문입니다. 또한 직장이 있는 사람들은 회사에서 대단히 혹사당하고 있지요. 게다가 부분적으로는, 이른바 프리터freeter 같은, 젊은 시절에 일정한 직업을 찾지 못해 고생하는 남성들이 있다는 것을 포함한다면 이 대목을 설명할 수 있을 것입니다.

　다음으로, 이것은 뜻밖의 발견입니다만, 기혼자들이 행복합니다. 더 나아가, 자식이 없는 쪽이 행복도가 높습니다. 예전에 딩크DINKS: Double Income, No Kids라는 말이 있었듯이, 부부가 맞벌이하면서 생활을 구가하므로 행복한지도 모르겠습니다. 부부와 자식으로 구성된 가족이 자식 없는 부부보다 행복도가 조금 더 낮은 것은, 자식이 있으면 시간을 빼앗기기 때문일 것입니다. 자식을 가지면 큰일 난다는 의식이 저출산을 설명하는 한 원인일는지 모르겠습니다.

그다음으로 편부모와 자식으로 구성된 가정의 행복도가 낮은 것은 충분히 이해되는 일입니다. 저는 빈곤 문제도 연구하는데, 편모와 자식들로 구성된 모자가정은 빈곤율이 약 50%로, 여타 그룹들보다 훨씬 높게 나옵니다. 그런데 왜 홀어머니가 되었는 지를 나타내는 그래프를 보면 알 수 있습니다만, 우선은 사별, 즉 남편이 사망해 홀로 된 경우 불행해진다는 것은 잘 알려진 사실입니다. 그리고 이별한 경우에도 행복도가 낮습니다.

학력은 큰 영향을 주지 않습니다. 이 연구를 하기 전에는 학력이 높은 사람들이 행복도가 높고 학력이 낮은 사람들이 행복도가 낮을 것으로 예상했습니다만, 사실은 그렇지 않았습니다. 즉, 학력이 낮은 사람들도 중졸을 제외하면 불행도가 그리 높지 않았고 학력이 높은 사람들도 행복도가 그리 높지 않았습니다. 이것은 아마 학력이 낮은 사람들은 처음부터 사회에 진출하더라도 큰 성공을 거둘 수 없을 것으로 예상했거나 사회에 진출하고 나서 학력이 낮다는 것으로 비롯된 비애를 경험한 바 있어 체념의 경지에 도달한 까닭일 가능성이 높습니다. 다시 말해 이들의 기대치가 낮은 까닭이라는 것입니다. 그와 반대로 학력이 높은 사람은 보통 취직하면 크게 될 것이고 높은 임금을 받을 것으로 기대하지만, 현실 세계에서 모두 다 그렇게 되는 것은 아니므로, 높은 학력을 얻었으나 조금도 행복하지 않다고 생각하는 사람들도 충분히 있을 수 있습니다. 학력과 관련해서 행복도에 거의 차이가 없는 것은 그런 까닭이라고 생각합니다.

더 나아가, 여기서는 학력을 중졸, 고졸, 전문학교 졸업, 대졸, 대학원 졸업으로 학교 수준 또는 단계에 따라 나누어 조사했습니다만, 명문교와 비명문교로 나누어 조사해보더라도 거의 같은 결과가 나올 것으로 보입니다. 예를 들어 도쿄 대학 졸업자들은 그 기대치가 대단히 높습니다만, 도쿄 대학을 나왔다고 모두 높은 사회적 지위와 고소득을 얻는 것은 아닙니다. 그리고 그렇게 기대를 충족하지 못한 사람들은 그다지 행복을 느끼지 못하는지도 모릅니다.

어떤 종류의 일을 하는지, 또는 하는 일이 어떤 근로 형태에 속하는지와 관련해서는, 현장에서 육체 작업을 하는 블루칼라들보다는 관리직이나 전문직에 종사하는 사람들 쪽의 행복도가 역시 높습니다. 그리고 같은 근로 형태라 하더라도 파견 노동자나 아르바이터 또는 파트타이머 같은 비정규직들보다는 풀타임으로 일하는 사람들이나 경영자들 쪽이 역시 행복도가 높습니다. 노동환경상 혜택받는 사람들의 행복도가 높다는 것은 우리가 평소 느끼는 바와 일치합니다.

기업 규모와 관련해 제가 충격받은 것은 공무원들의 행복도가 높다는 점입니다. 이는 일본 사회에서 가장 혜택받은 사람들은 역시 공무원이라는 이야기의 증거가 될 것입니다. 그에 더해,

중소기업에서 일하는 사람들보다 대기업에서 일하는 사람들의 행복도가 높은데, 이는 임금이 높고 직장이 안정되어 있기 때문일 것입니다. 그러나 기업 규모가 10명 또는 30명쯤 되는 대단히 작은 기업에서 일하는 데에도 행복도가 높은 사람들이 적지 않게 있습니다. 대기업에서는 자신이 하나의 톱니바퀴에 지나지 않는다는 것, 자기 생각대로 일할 수가 없다는 것에 불만인 사람들이 있는 데 비해 작은 기업에서는 비교적 자신이 하고 싶은 것을 할 수 있어서 행복도가 높은 사람들이 있습니다.

이상으로 제가 지난해에 시행한 대규모 설문 조사의 결과를 요약했습니다.

이를 다른 분들이 수행한 연구와 비교해보겠습니다. 먼저 오타케 후미오·시로이시 사유리·쓰쓰이 요시로, 이 세 사람의 연구(大竹文雄·白石小百合·筒井義郎, 2010)에 의하면 〈그림 2-16〉에서 보듯이 소득이 높아짐에 따라 행복도가 상승한다는 결과가 나옵니다만, 그 기울기가 급격하지는 않다는 것을 알 수 있습니다. 완만하게 올라간다는 느낌을 줍니다.

영국과 미국의 연구에서도 비슷한 결과가 나왔습니다. 앞에서도 언급한 리처드 레이어드의 연구(〈표 2-2〉)에서는 소득 수준을 순서에 따라 맨 위쪽에 있는 4분의 1, 다음에 있는 4분의 1, 그다음에 있는 4분의 1, 그리고 맨 아래쪽에 있는 4분의 1로 나눕니다. 예를 들어 4000명의 표본에서 상위 4분의 1이라 함은

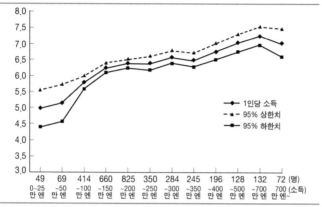

〈그림 2-16〉 1인당 소득과 행복도

자료: 大竹文雄·白石小百合·筒井義郎(2010).

〈표 2-2〉 소득 계층에 따른 행복도

	미 국		영 국	
	상위 1/4	하위 1/4	상위 1/4	하위 1/4
대단히 행복하다	45	33	40	29
상당히 행복하다	51	53	54	59
행복하지 않다	4	14	6	12
	100	100	100	100

자료: Layard(2005).

위로부터 1000번째 소득자까지를 말합니다. 마찬가지로 하위 4분의 1이라 함은 아래로부터 세어 1000번째까지를 말합니다. 이네 그룹이 각각 얼마만큼의 행복을 느끼는지를 백분율로 나타낸것이 〈표 2-2〉입니다. 미국에서는 상위 4분의 1에 해당하는 그

룹 가운데 "very happy(대단히 행복하다)"라고 대답한 것이 45%
였고, 하위 4분의 1에 해당하는 그룹 가운데에서도 33%가 "very
happy"라고 답했습니다. 영국에서도 비슷한 결과가 나왔습니
다. 영국과 미국에서는 소득 계층에 따른 행복도에 큰 차이가 없
다는 결론입니다.

일본에서도 소득이 올라가는 데 비례해 행복도가 높아진다는
예상은 그다지 맞지 않습니다. 소득분배의 격차가 행복도에 미
치는 영향이 우리가 생각하는 것만큼 크지는 않다는 것일까요?
그러나 되풀이하는 바이지만 소득 계층이 낮을수록 불행을 느끼
는 사람이 많고 소득이 높을수록 행복하다고 느끼는 사람의 비
율이 높습니다.

마지막으로, 저의 설문 조사에는 장래 희망에 대한 질문이 있
습니다. "희망이 있는가, 없는가?"라는 질문에 대해 7할에 조금
못 미치는 수의 사람이 "있다"라고 답했습니다. 이어서 "무엇에
관해 희망을 품고 있습니까?"라고 물었더니 그 답의 순서가 가
족(57.0%), 일(54.9%), 건강(41.2%), 놀이·오락(37.9%), 배움·학
습(28.7%), 친구 관계(21.9%)였습니다(〈그림 2-17〉).

저는 전에 『무연 사회의 정체無緣社會の正體』라는 책에서 혈연,
지연, 사연社緣이 무너지고 고독사가 늘어나고 있다고 쓴 바 있
습니다. 나아가 평생을 독신으로 보내는 사람, 결혼했다가 이혼
한 사람이 늘어나고 있고, 아동 학대나 가정 폭력이 증가하고 있

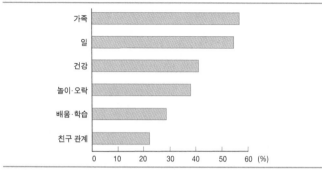

〈그림 2-17〉 무엇에 관해 희망을 품고 있습니까?

주: 회답자 수는 1만 826명이다.
자료: 橘木俊詔科學研究費, 「地域の生活環境と幸福感」의 2011년 설문 조사.

으며, 가족 간의 유대가 약화되고 있다는 것을 밝혔습니다. 그런 데도 가족에 관한 희망이 강한 것은 가족 간의 유대가 강한 사람들이 아직도 상당히 존재한다는 것과 될 수 있으면 강한 유대를 맺고 싶다는 마음이 강하다는 것을 말해준다고 해석됩니다. 일본인들은 아직도 가족에 대해 상당한 기대를 품고 있다고 결론지을 수 있지 않은가 합니다.

다음으로 '일'은 고도성장기 일본인들의 인생관이었고 살아가는 보람이었습니다만, 그 비율이 상당히 저하했습니다. 일본에서 아직 많은 사람이 빈곤했던 때에는 높은 근로 의욕을 바탕으로 될 수 있는 한 높은 소득을 얻고자 하는 사람이 대다수였습니다만, 고도성장기가 끝나고 그만그만한 소득만을 얻을 수 있게 되자 일하는 것도 웬만큼 하면 된다고 생각하는 사람이 증가했습니다. 따라서 일에서 삶의 보람을 찾지 않는 사람이 늘어난 것이 이상한 일은 아닙니다.

세 번째인 건강과 관련해서는, 건강한 사람이 행복하고 병든 사람이 불행하다는 것은 너무 자연스러우므로 더 보탤 말이 없습니다.

네 번째는 놀이·오락인데, 이제 일본인들은 더 많이 놀고 싶어 하고 더 많이 레저를 즐기고 싶어 한다고 저는 봅니다. 이 오락에 대해서는 제6장에서 더 상세하게 언급하기로 합니다.

다섯 번째인 배움·학습에 대한 희망도 상당히 높은 수치를 보입니다만 놀이·오락보다는 낮습니다. 일본인들은 열심히 공부하고 열심히 일해 무언가를 성취하는 것에서 삶의 보람을 느껴왔습니다만, 근년에 들어와서 공부나 일은 웬만큼 하고 놀면서 인생을 즐기는 것이 좋다는 저의 주장에 조금 접근하는 것이 아닌가 싶습니다. 그러나 그러한 저의 주장에 대해 아마 경제성장이나 경제 활성화를 주장하는 사람들은 강력하게 반대할 것으로 예상됩니다.

뜻밖의 반응은 친구 관계에 대해서입니다. 예상외로 낮은 이 수치를 어떻게 생각해야 할까요? 당연한 일인지 지나치게 낮은 것인지 아직 판단하기가 어렵습니다. 가족보다 의지가 되는 것이 친한 벗이라고 생각하는 사람들은 이 낮은 수치를 이해할 수 없을 것이나, 친구는 만일의 사태 때 의지할 수 있는 존재가 아니라고 생각하는 사람들은 이를 당연하다고 볼 것입니다. 결국 그 사람이 친구를 어떻게 보느냐에 달렸다고 하겠습니다.

3. 행복감의 인자분석

앞 절에서 소개한 설문 조사에 이어 저는 그 사람의 성격이 어떠한지가 그 사람의 행복도에 관한 의사 표시와 얼마만큼 관계있는지를 알아보고자 새로운 조사를 시행했습니다. 종래의 조사들은 사람의 성격이 서로 다르다는 것을 무시했습니다. 다시 말해 비관적인 사람이 있는가 하면 낙관적인 사람도 있는 것입니다. 평가자의 심리적인 상황이나 개성 또는 성격의 차이가 그 사람의 행복도에 관한 의사 표시에 얼마만큼 영향을 미칠까요?

〈표 2-3〉은 사람의 성격을 성실성, 개방성, 신경증 경향, 외향성, 조화성의 다섯 가지로 나누고, 다시 그 각각에 대해 세부 항목들을 설정해 조사한 결과를 인자분석因子分析한 것입니다.

그다음 〈표 2-4〉는 행복감과 다섯 가지 인자 사이의 상관관계를 본 것입니다. 가장 높은 것은 개방성과 성실성으로, 0.66이었습니다. 반대로 신경증 경향과 외향성은 -0.31의 상관관계에 있었습니다.

<표 2-3> 성격의 인자분석

		인자 부하량(負荷量)				
		1	2	3	4	5
성실성	일을 완벽하게 한다	0.81	-0.14	-0.03	0.00	-0.26
	일을 마지막까지 완수한다	0.79	-0.15	0.07	0.07	-0.02
	신뢰할 수 있는 노동자다	0.75	-0.10	0.06	0.08	0.03
	신용할 수 있다	0.73	-0.02	0.08	0.00	0.12
	계획을 세워 밀고 나간다	0.67	-0.05	-0.08	-0.03	-0.12
	일에 효율적으로 대처한다	0.67	0.05	-0.11	-0.05	-0.14
	머리가 좋다	0.52	0.18	-0.12	-0.09	-0.20
	사려 깊고 친절하다	0.50	0.19	0.19	-0.09	0.23
	게으름을 잘 피운다(*)	-0.45	0.16	0.37	-0.01	-0.07
	열의에 넘친다	0.44	0.21	-0.07	0.24	-0.06
	신경질적이다	0.40	-0.06	0.39	-0.16	-0.34
	타인에게 친절하다	0.36	0.17	0.24	0.15	0.32
	즐겨 협력한다	0.35	0.11	0.16	0.29	0.24
개방성	독창적이다	-0.04	0.80	-0.11	-0.08	-0.13
	예술적·미적인 경험에 가치를 둔다	-0.13	0.71	0.08	-0.10	0.00
	기꺼이 아이디어를 낸다	0.09	0.69	-0.09	0.05	-0.14
	예술적 센스가 있다	-0.12	0.68	-0.07	-0.10	-0.01
	새로운 아이디어를 만들어낸다	0.11	0.67	-0.14	-0.01	-0.15
	상상력이 풍부하다	0.07	0.66	0.17	0.04	-0.07
	많은 일에 흥미를 느낀다	0.13	0.44	0.09	0.20	0.04
	예술에 대한 관심이 낮다(*)	0.16	-0.32	0.08	0.03	-0.12
신경증 경향	이런저런 걱정을 한다	0.24	-0.12	0.68	-0.04	-0.15
	긴장하기 쉽다	0.18	-0.11	0.68	-0.10	0.09
	정서가 불안정해지기 쉽다	-0.04	0.00	0.57	-0.01	-0.32
	부끄러움을 잘 탄다	0.11	0.01	0.57	-0.32	0.13
	주의가 산만한 편이다	-0.25	0.12	0.52	0.10	-0.13
	좀 부주의하다	-0.36	0.16	0.46	0.21	0.07
	기분파다	-0.14	0.14	0.40	0.06	-0.35
	긴장할 장면에서도 평정을 유지한다(*)	0.18	0.25	-0.40	0.00	-0.13
	정서가 안정되어 있다(*)	0.21	0.11	-0.37	-0.01	0.28
	단순한 노동을 좋아한다	-0.08	-0.11	0.33	-0.07	0.06

		인자 부하량(負荷量)				
		1	2	3	4	5
외향성	조용하다(*)	0.13	0.23	0.08	-0.75	0.19
	이야기하기를 좋아한다	0.09	0.02	0.16	0.68	-0.04
	남의 눈에 잘 띄지 않는다(*)	0.08	0.09	0.26	-0.62	0.27
	사교적이다	0.08	0.14	-0.03	0.59	0.06
	원기가 넘친다	0.19	0.10	-0.13	0.52	0.10
	원기가 없다(*)	-0.12	0.07	0.26	-0.49	-0.20
	침착하다(*)	0.39	0.14	-0.16	-0.42	0.12
조화성	공격적이다	-0.14	-0.10	-0.02	-0.14	0.69
	타인과 언쟁을 잘한다	-0.16	-0.03	-0.03	-0.18	0.57
	도도하게 군다	-0.01	-0.15	-0.01	0.08	0.55
	남의 흠을 들추어낸다	-0.08	0.08	-0.27	-0.16	0.46
	타인에게 실례를 한다	0.28	-0.11	-0.05	0.07	0.40
	관대한 성격이다	0.06	0.27	-0.08	0.03	0.38

주: ① 인자추출법(因子抽出法): 최우법(最尤法), 회전법(回轉法): 프로맥스 회전, (*)은 반전 항목(反轉項目)이다.

② 인자분석이란 관측 데이터를 몇 개의 공통 특성을 가진 그룹으로 분할하기 위한 통계 수법입니다. 여기서는 사람의 성격을 다섯 가지의 잠재적 인자들(성실성, 개방성 등)로 나누고, 각각의 인자가 좀 더 구체적이고 상세한 여러 성격(예를 들어 일을 완벽하게 한다 등)에 따라 얼마만큼 설명될 수 있는지를 인자 부하량의 크기로써 판단합니다. 추정에는 최우법을 사용합니다. '프로맥스 회전'은 해석하기 쉬운 인자분석 결과를 얻기 위한 수법의 하나입니다. 반전 항목은, 구체적이고 상세한 성격이 해당 인자에 역의 영향을 줄 수 있다는 것을 암시합니다. 이상에 대해서는, 『多變量 統計解析』에 관한 책들에 잘 설명되어 있습니다.

〈표 2-4〉 행복감과 성격 인자의 상관계수

	성실성	개방성	신경증 경향	외향성	조화성
행복감	0.24**	0.19**	-0.26**	0.29**	0.21**
성실성		0.66**	-0.29**	0.27**	0.39**
개방성			-0.19**	0.42**	0.04**
신경증 경향				-0.31**	-0.23**
외향성					-0.03*
조화성					

주: 회답 수는 1만 555명(**: $p \langle 0.01$, *: $p \langle 0.05$, †: $p \langle 0.10$)이다.

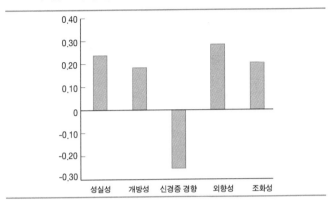
〈그림 2-18〉 행복감과 성격 인자의 상관계수(〈표 2-4〉의 첫째 줄)

〈그림 2-18〉은 행복감과 다른 다섯 가지 인자 사이의 관계를 평가한 것인데, (원기 있고 사교적인) 외향성과 플러스의 상관관계가 가장 높았고, (속으로 끙끙대는) 신경증 경향과 마이너스의 상관관계가 가장 높았습니다. 행복도와 플러스 관계에 있는 그밖의 것들로는 (타인과 자신을 신뢰하는) 성실성, (아이디어가 풍부한) 개방성, 그리고 조화성이었습니다. 이상을 정리하면, 성격상 외향성이나 개방성이 풍부한 사람, 성실하고 조화가 잡힌 사람들이 행복하다고 느끼는 정도가 강했습니다. 반면에 신경증 경향이 있는 사람들은 불행하다고 느끼는 정도가 강했다고 할 수 있습니다.

행복도와는 직접적인 관계가 없습니다만, 이 인자분석이 어떤 것인지를 알려주는 결과 몇 가지를 보여드리겠습니다. 본론

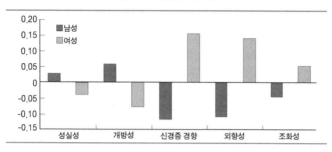

〈그림 2-19〉 성별과 성격 인자

에서 조금 벗어나기는 하나, 성별(〈그림 2-19〉), 가족 상황(〈그림
2-20〉), 나이(〈그림 2-21〉), 소득(〈그림 2-22〉), 학력(〈그림 2-23〉)과
앞의 다섯 가지 인자 사이의 관계를 봅시다.

　이 그림들에서 몇 가지 흥미로운 점을 이끌어낼 수 있는데, 그
것들을 열거해본다면, 여성들은 신경증 경향이 있으면서도 외향
적·조화적임에 비해 남성들은 신경이 안정되어 있으면서도 여
성들과 같은 외향성이나 조화성은 없다고 할 수 있습니다. 미혼
자들은 성실성과 외향성이 낮고 신경증 경향이 있습니다. 그리
고 결혼하면 안정된 성격으로 변하지만, 미혼인 채로 있으면 정
서 불안정이 계속되는 것 같습니다.

　나이별로 보면 젊을수록 자신을 엉성하고 성실치 못한 사람
이라고 생각하면서 속으로 끙끙대는 경향(신경증 경향)이 강합니
다. 그러다가 나이를 먹어감에 따라 젊은이들의 그런 특성들이
사라지고 성격이 안정화되며 성숙한 인간답게 되어가는 경향이

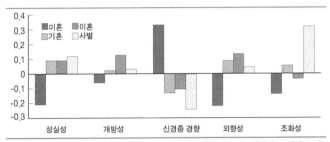

주: 미혼자는 성실성, 외향성, 조화성이 낮고 신경증 경향이 높다. 사별자는 신경증 경향이 낮고 조화성이 높다.

〈그림 2-21〉 나이와 성격 인자

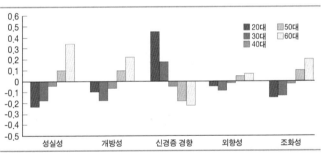

주: 젊을수록 자신을 엉성한 사람이라고 생각하고(성실성이 낮다) 속으로 끙끙대는 경향이 있다(신경증 경향이 높다).

있습니다. 이보다 상관관계가 더 분명한 것은 소득과의 관계입니다. 즉, 소득이 높을수록 자신에 대한 신뢰가 높고 아이디어가 풍부한 개방성을 가지며 속으로 끙끙대지 않습니다. 학력도 소득과 거의 비슷한 상관관계를 보여주었습니다.

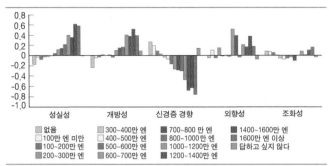

〈그림 2-22〉 소득과 성격 인자

주: 소득은 성격과 상관관계가 명료하다. 다시 말해 소득이 높을수록 자신에 대한 신뢰
가 높고(성실성), 아이디어가 풍부하다고 생각하며(개방성), 속으로 끙끙대지 않는
다(신경증 경향이 낮다).

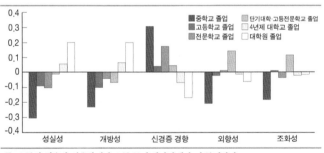

〈그림 2-23〉 학력과 성격 인자

주: 소득의 경우와 비슷하지만 소득 쪽이 상관관계가 더 분명하다.

〈표 2-5〉는 사람들의 행복도를 결정하는 요인으로 어떤 변수
들이 영향을 미치는지를 회귀분석한 결과입니다. 왼쪽의 결과는
설명 변수에 다섯 가지 성격을 제외하고 본 결과입니다. 모든 설

〈표 2-5〉 행복감의 결정 요인과 성격[중(重)회귀분석]

		β	S.E.	t값	β	S.E.	t값
종업상의 지위	경영자 · 임원	0.038**	0.120	3.750	0.028**	0.115	2.817
	정규직	0.053**	0.067	3.496	0.051**	0.064	3.457
	파트 · 아르바이터(ref)						
	공무원	0.059**	0.105	5.577	0.060**	0.101	5.930
	계약직 · 파견사원	0.013**	0.090	1.212	0.015	0.086	1.429
	자영업자	0.033**	0.085	2.950	0.025*	0.082	2.247
	학생	0.079**	0.116	7.480	0.066**	0.112	6.422
	무직	0.088**	0.066	6.151	0.098**	0.063	7.137
	기타	0.052**	0.153	5.517	0.045**	0.148	4.997
개인의 과세 전 소득 (실액 · 무응답 제외)		0.092**	0.000	8.195	0.074**	0.000	6.829
교육 년수		0.061**	0.009	6.519	0.047**	0.009	5.612
나이		0.063**	0.002	5.338	-0.004	0.002	-0.354
성별	여성	0.169**	0.045	15.839	0.132**	0.044	12.541
건강 상태 (높을수록 좋음)		0.321**	0.015	36.008	0.254**	0.015	28.439
혼인 상황	미혼	-0.200**	0.057	-16.037	-0.176**	0.055	-14.622
	기혼(ref)						
	이혼	-0.089**	0.092	-9.024	-0.093**	0.088	-9.741
	사별	-0.016†	0.162	-1.672	-0.014	0.155	-1.584
가족 형태	부부만	0.031**	0.051	3.127	0.033**	0.049	3.490
	부부와 자식(ref)						
	편부모와 자식	0.005	0.144	0.486	0.009	0.138	0.974
	부부와 자식과 부모	0.008	0.081	0.911	0.006	0.078	0.721
	기타	0.004	0.055	0.337	0.008	0.053	0.775
성격	성실성				0.026*	0.028	2.015
	개방성				0.059**	0.027	4.748
	신경증 경향				-0.080**	0.022	-8.025
	외향성				0.142**	0.023	13.996
	조화성				0.113**	0.023	11.400
수정을 마친 R^2 (결정 계수)		0.216			0.275		

주: ① 행복감(11단계)을 종속변수로 하는 중회귀분석이다(회답 수: 10,223, **: $p\langle 0.01$, *: $p\langle 0.05$ †: $p\langle 0.10$).

② (ref): 이 항목을 기준으로 해서 비교했다.

명 변수를 집어넣은 오른쪽 결과에 주목하면 특히 관심을 끄는 것이 β 계수입니다. 그것은 영향력의 상대적 크기를 숫자의 대소로 판단할 수 있기 때문입니다. 그런데 숫자의 크기를 해석하기 전에 계수의 통계적 유의성(즉, 영향이 확실하게 있다고 할 수 있는 것)에 대해 살펴보면 대부분 변수가 행복도에 유의미한 영향이 있었습니다. 다만 가족 형태 변수는 예외여서, 부부만의 가족은 유의미했지만 다른 변수들은 그렇지 않았습니다. 개인의 성격personality은 속으로 끙끙대는 신경증 경향이 마이너스의 유의미성을 가졌을 뿐, 그 밖의 성격들은 모두 플러스의 유의미성을 갖고 행복도를 높였습니다.

플러스의 유의미성을 갖는 그 밖의 변수들은 소득, (교육 햇수로 측정된) 학력, 여성, 건강 같은 것들처럼, 지금까지 검증해온 결과와 정합성을 보였습니다. 마찬가지로 미혼자, 이혼자, 사별자들과 비교해보면 기혼자들의 행복도가 유의미하게 높았으며 건강한 사람들도 마찬가지였습니다. 이상의 내용을 정리하면 소득과 교육 수준이 높은 사람, 여성, 건강한 사람들이 행복도가 높았습니다. 그리고 β 계수의 크기로 판단한다면 가장 영향력이 높은 것이 건강(0.254)이었고 그다음이 미혼이라는 것(-0.176), 그리고 여성이라는 것(0.132)의 순서였습니다.

제3장

최고로 행복한 나라들

덴마크와 부탄

이번 장에서는 세계 여러 나라 중 국민 행복도가 대단히 높은 나라들에 스포트라이트를 맞추어, 이 나라 국민들은 왜 행복한지를 다양한 관점에서 분석합니다. 일본과 마찬가지로 선진국 그룹에 속하는 한 나라와 발전도상국 가운데 한 나라를 분석 대상으로 택해 그들의 현재 상황을 상세히 검토합니다. 후자와 관련해 일본은 발전도상국이 아닌 만큼 참고가 될 수 없다는 의견이 있을는지 모르겠습니다만, 일본에 참고될 만한 점이 적지 않게 존재한다는 말씀을 우선 드립니다.

1. 덴마크의 행복

이미 말했듯이, 국제 비교 연구에서 국민 행복도가 세계 1위로 나타나는 경우가 많은 나라가 덴마크입니다. 예를 들어 제1장에서 이야기했듯이, 영국의 레스터 대학교가 2006년에 세계 178개국을 대상으로 시행한 조사에서 1위를 한 것도 덴마크였습니다. 덧붙이면 그 조사에서 일본은 중간 순위에 해당하는 90위였습니다. 2008년에 미국의 '세계 가치관 조사World Values Survey: WVS'가 시행한 조사에서도, 2007년에 영국의 케임브리지 대학교가 시행한 조사에서도 덴마크가 1위를 기록했습니다. 수많은 국제 비교 연구에서 덴마크의 행복도가 세계 1위를 차지해온 만큼 이 나라를 철저하게 탐구하는 것은 의미 있는 일일 것입니다.

북유럽의 여러 나라가 복지국가라는 것은 일본인들도 잘 알고 있고 특히 스웨덴에 관한 정보는 일본에 많이 전해졌습니다. 그러나 덴마크에 관한 정보는 일본에 많이 알려지지 않은 만큼 그것을 보완하는 의미에서라도 행복도 넘버원의 나라 덴마크를 논하는 의미는 충분히 있다 하겠습니다. 똑같은 복지국가이면서도 덴마크와 스웨덴은 미묘하게 서로 다르므로 그 차이에 주목하기 위해서라도 덴마크를 탐색해보겠습니다.

역사와 문화

덴마크가 어떻게 해서 행복도가 높은 나라가 되었는지를 알기
위한 전제로서 이 나라의 역사와 문화를 간략하게 기술해보겠습
니다.

덴마크의 윌란Jylland(유틀란트Jutland) 반도와 그 동쪽의 퓐Fyn
섬, 그리고 수도인 쾨벤하운København(코펜하겐Copenhagen)이 있는
셸란Sjælland 섬이 스웨덴 최남단부와 거의 같은 위도에 있으므로
덴마크의 기후는 스웨덴보다 온난합니다. 그뿐만 아니라 멕시코
난류가 연안을 흘러서 더욱 그렇습니다. 게다가 국토가 평탄하
므로 이 나라가 농업에 적합하리라는 것을 우리는 쉽게 상상할
수 있습니다. 실제로 19세기까지 덴마크는 농업, 낙농업, 축산업
이 주산업이었고 스웨덴보다 더 풍요로운 농업 국가였습니다.

여기서 덴마크의 역사를 아주 간략하게, 특히 복지국가를 향
한 과정을 중심으로 기술해보겠습니다. 덴마크는 정치적으로는
19세기 중엽까지 왕정 국가였습니다만, 농민들을 중심으로 자유
를 추구하는 기운이 강해 18세기경부터 국왕, 귀족, 대지주 같은
지배계급에 대한 저항운동이 일어났습니다. 거기에 잉글랜드나
프랑스 등에서 일어난 자유와 민주주의 사상의 영향이 있었음은
말할 필요도 없습니다. 다만 덴마크에서는 이 나라 산업의 특질
로 말미암아 노동자가 아니라 농민이 저항운동의 중심이 되었다

는 것이 특징입니다.

그들의 저항운동은 1840년대에 최고조에 달해 대지주들과의 봉건적 관계를 타파하려는 해방운동의 모습을 띠었습니다. 거기에 일반 시민들도 찬동해 1848년에 마침내 국왕을 상대로 자유주의 헌법의 제정을 요구하는 데까지 나아갔고, 그 요구에 국왕이 응함으로써 절대왕정이 무혈로 붕괴하기에 이르렀습니다.

덴마크의 농업에서 무시할 수 없는 것이 농업협동조합입니다. 덴마크에서는 농업 진흥을 위해 1769년에 왕립농업협회가 설립되었고, 1882년에는 세계 최초로 낙농협동조합이 만들어졌습니다. 후자는 조합원인 낙농가들의 사료 구매나 유제품 판매를 공동으로 함으로써 경비 절약을 도모하고, 또한 사업이 잘되지 않는 낙농가가 있으면 지원하는 등의 상부상조 활동을 목적으로 했습니다. 조합은 조합원 1인 1표의 원칙에 따라 운영되었는바, 여기에서도 덴마크인들의 평등과 민주 정신이 드러납니다. 복지국가 덴마크의 기원은 농업협동조합에 있다고 말해도 과언이 아닙니다.

19세기 중엽 이후 덴마크에서도 공업화가 진전되었고 노동자계급이 증가했습니다. 그에 따라 느리기는 하나 인구의 도시 집중이 진행되었고, 이른바 도시 노동자계급이 사회적으로 세력을 키워나갔으며 당시 유럽을 석권했던 사회주의 사상이 덴마크에서도 지지세를 형성했습니다. 1878년에는 사회민주당이 창당되었고 이후 서서히 국회 내 의석수를 늘려갔습니다.

그리고 이웃에 있는 군사 대국 프로이센의 재상 오토 폰 비스마르크Otto von Bismarck가 사회보험제도를 도입한 것이 덴마크에도 영향을 미쳤습니다. 덴마크는 비스마르크의 군사적 위협을 받았지만, 좋든 싫든 간에 비스마르크가 내세운 경제사상의 영향을 받은 바도 컸던 것입니다. 여기서 강조해두어야 할 것이, 비스마르크는 노동자들을 '당근'과 '채찍'으로 부리고자 사회보험제도를 도입했으나, 덴마크에서 사회보험제도를 도입한 것은 그것과는 결정적으로 다른 맥락에서였다는 것입니다.

첫 번째 차이는 제도에 가입하는 사람들의 차이입니다. 독일에서는 노동자에 한정되었으나, 덴마크에서는 노동자뿐만 아니라 농가를 포함한 전 국민이 대상이 되어, 직업에 따른 차별이 없었습니다.

덴마크에서는 복지 정책의 혜택을 노동자뿐만 아니라 소득 변동이 큰 농민들, 그리고 건강이 부실하거나 교육 정도가 낮아서 소득이 낮은 사람들 또는 은퇴해 소득이 없는 사람들처럼 모든 국민에게 돌아가도록 설계했습니다. 덴마크에서 비스마르크의 프로이센과 달리 노동자뿐만 아니라 전 국민을 대상으로 제도를 설계한 것은 획기적인 일이었습니다.

이처럼 전 국민을 대상으로 제도를 설계한 덴마크 방식은 세계 최초였는바, 그 정신은 칭찬받아 마땅하다고 저는 생각합니다. 그리고 그러한 사상이 다른 나라들에도 전파되어간 것은 사회복지의 역사가 말해주는 대로입니다. 덧붙여 말한다면, 제1차 세계대전 중에 영국에서 기초한, 전 국민을 대상으로 한 사회보장제도를 제창한 이른바 「베버리지 보고서」도 실은 덴마크에서 그 정신을 빌려온 것이었습니다. 이런 의미에서 사회보장과 관련해 덴마크는 대단히 가치 있는 역사를 지닌 것입니다.

두 번째 차이는 제도의 운용 방식에 관한 것입니다. 독일에서는 보험료 징수를 재원으로 하면서 일반적으로 임금에 비례해 갹출하고 지급하는 방식인 데 비해, 덴마크에서는 세수를 재원으로 하면서 일반적으로 정액 지급하는 방식을 채택했습니다. 그리하면서 지급을 받을 때 자산 조사를 시행합니다. 전자를 사회보험료 방식이라 하고 후자를 조세 방식 또는 사회부조 방식이라고 부르기도 합니다.

전자와 관련해, 임금 등으로부터 징수하는 보험료 방식이 아니라 일반 국민의 세수를 재원으로 한 것에는 몇 가지 이유가 있습니다. 우선 참여자가 국민 전체인데, 그중에는 소득이 낮은 사람이나 소득이 없는 사람이 많은바, 이들에게서 보험료를 징수하는 것은 불가능합니다. 따라서 국민 전체의 세수를 재원으로 하는 것이 자연스럽습니다. 게다가 저소득자는 누진성과 과세 최저선의 존재로 말미암아 소득세를 내지 않거나 조금밖에 내지 않는 것이 가능합니다. 또한 한편으로는 지급을 받는 것이 노동자뿐만 아니라 일반 국민 대부분이므로, 역시 세수를 재원으로 하는 것이 자연스럽습니다.

특히 자산 조사에 따라 생활이 곤란한 사람들이 우선해서 수령하므로 (세금을 낼 수 있는) 비교적 소득이 높은 사람들에게서 소득이 낮은 사람들에게로 소득이 이전될 수 있는데, 이것도 재원이 세수이므로 가능한 것입니다. 만약 보험료 방식이라면 자신이 보험료로 내는 금액이 명확한바, 인간의 기질상 그것을 되돌려 받겠다는 마음이 강하고 타인에게 지급되는 데 사용되는 재분배에 혐오감을 품게 마련이지만, 세금이라면 재분배 대상과 그 금액이 불명확하므로 반대하기 어렵습니다.

여기서 첫 번째 차이를 현대적으로 정리한다면, 복지 서비스의 대상을 특정 그룹별로 할 것인가, 아니면 국민 전체를 동일하게 취급할 것인가, 다시 말해 선별주의냐 보편주의냐의 차이입니다. 두 번째 차이는 재원을 보험료 방식으로 할 것인가, 조세 방식으로 할 것인가의 차이입니다.

덴마크의 사회보험제도는 1891년에 무갹출 연금제도가 도입된 이래 20세기 전반까지 이르는 사이에 여러 번 개정되거나 통합되면서 복지국가의 길을 달려왔습니다. 여기서 한마디 덧붙이자면, 의료와 관련해서는 1892년에 보험료 갹출을 재원으로 한 의료기금제도가 법제화되었습니다. 이 의료기금제도는 1970년대까지 존속하다가 이후 제도가 바뀌어 의료 급여에도 영국의 국민보건서비스National Health Service: NHS처럼 세수가 사용되기 시작했습니다. 다시 말해 덴마크에서는 19세기 말부터 20세기 중엽까지는 연금은 조세 방식으로, 의료는 보험 방식으로 운영되었습니다만, 1970년대 이후 연금과 의료 모두 조세 방식으로 통일되었습니다.

제2차 세계대전 전후의 역사로 화제를 옮기면, 이웃 스웨덴이 중립을 유지한 것과 달리 덴마크는 전쟁 기간에 남쪽의 독일에 점령당한 쓰린 경험이 있습니다. 제2차 세계대전이 끝난 뒤로 말하면, 1950년까지는 사회민주당이 정권을 잡았으나 그 후로는 보수당과 일진일퇴했습니다. 그러다가 2001년부터는 보수당이 10년간에 걸쳐 정권을 유지했고, 2011년 선거에서 좌파가 정권을 탈환했습니다. 복지국가 덴마크의 특징은 정권 교체가 있더라도 기본적으로는 복지국가임에 변함이 없었고, 집권당은 언제나 중도 우파나 중도 좌파 중 한쪽이었습니다. 다시 말해 정권 교체에 따라 복지가 조금 더 전진하거나 조금 후퇴할 뿐이었습니다.

덴마크의 문화

덴마크의 정신적 지주로 일컬어지는 사람들이 국민 시인 니콜라이 그룬트비N. F. S. Grundtvig(1783~1872)와 동화 작가 한스 크리스

티안 안데르센Hans Christian Andersen(1805~1875)인 만큼 이 두 사람을 간단히 소개하기로 하겠습니다.

먼저 그룬트비는 목사로 인생을 시작했다가 시인이 된 사람으로, 북유럽의 신화들이나 덴마크의 자연과 풍토를 제재로 한 시들을 발표해 국민 시인이 되었습니다. 시 한 편을 인용하겠으니, 그 내용이 덴마크인들의 사상이나 삶의 방식에 끼친 영향의 크기를 짐작해보시기 바랍니다.

평범하게, 즐겁게 살고
일하며 사는 것이 인생
그런 인생, 왕의 그것과도 바꿀 수 없네

나이 든 사람들과 함께
소박하고 즐겁게 사는 맛
왕궁에 살거나 오두막집에 살거나
똑같거니

(『국민노래집國民唱歌集』, 제17판, 463번)

이 시가 의미하는 바는 왕궁에 사는 국왕이나 오두막집에 사는 서민이나 평등하다는 것입니다. 즉, 평등의 가치를 노래합니다. 그뿐만 아니라 모든 사람이 평등한 가운데 질박하게 살아가는 것이 매우 즐겁다고 했습니다. 덴마크의 정신적 지주 또는 덴마크 정신의 아버지라 불리는 그룬트비의 시를 통해 우리는 이 나라 국민들이 평등을 얼마나 중시하는지를 상상해볼 수 있습니다. 덴마크는 나중에 복지국가의 전형이 됩니다만, 사상적으로는 그룬트비가 그 배경 또는 출발점이 되었다고 할 수 있습니다.

이번에는 안데르센을 살펴보겠습니다. 세계적으로 인기 있는 안데르센의 동화 가운데 행복과 관계있는 작품 몇 편을 논해보겠습니다.

먼저 『성냥팔이 소녀 *The Little Match Girl*』입니다. 구둣방의 가난한 가정에서 자란 안데르센은 똑같이 가난하게 자란 어머니를 생각하면서 이 작품을 썼다고 합니다. 추운 겨울밤 가난한 한 소녀가 성냥팔이를 하는데 성냥이 좀처럼 팔리지 않아 마음이 막막한 가운데 너무 추워 얼어 죽을 것만 같은 상황이었습니다.

그래서 자신의 몸을 스스로 덥히려고 성냥을 그었더니 문득 눈앞에 커다란 난로가 나타났습니다. 그런데 소녀가 난로에 다가가자 그것은 사라져버렸습니다. 다시 성냥을 그었더니 진수성찬을 차린 식탁이 나타났습니다. 그런데 소녀가 식탁으로 손을 내밀자 식탁이 또 사라져버렸습니다. 세 번째로 성냥을 그었더니 이번에는 크리스마스트리가 나타났는데 그것 역시 곧 사라져버렸습니다. 그래서 소녀는 이제 성냥을 한 움큼 잡고 긋습니다.

그랬더니 나타난 것은 할머니였습니다. 할머니는 소녀를 데리고 천국으로 올라갑니다. 다음 날 사람들은 남은 성냥개비들을 안고 죽은 소녀를 발견합니다.

다음은 『인어 공주 *The Little Mermaid*』입니다. 코펜하겐의 한 모퉁이에 인어 공주 상이 있는데, 그 상은 별로 눈에 띄지도 않지만 그곳은 명소가 되어 있습니다. 나도 가본 적이 있습니다. 『인어 공주』는 젊은 시절 사모하는 여성에게 실연당하기를 거듭했던 안데르센의 인생이 투영된 작품이라고들 합니다.

『인어 공주』는 해저에 사는 여섯 인어 공주님 가운데 막내의 이야기입니다. 15세 생일이 되는 날 그녀는 바다 위로 올라왔고, 마침 배를 타고 가던 젊은 왕자님을 만나 사랑을 느낍니다. 그런데 그 배가 폭풍우를 만납니다. 왕자님은 인어 공주의 도움을 받아 구사일생으로 살아납니다. 자신을 구해준 아가씨를 찾던 왕자는 우연히 해변을 지나가던 아가씨를 그녀라고 믿고 결혼을 약속합니다. 비탄에 잠겨 지내던 인어 공주에게 마녀가 칼로 왕자를 찌르면 인어로 돌아갈 수 있다고 말해주었지만, 공주는 아무리 해도 왕자를 찌를 수 없습니다. 결국 그녀는 바다에 뛰어들었고, 공기의 정령이 되어 천국에 올라갔다, 이런 이야기입니다.

안데르센의 동화집에는 그 밖에도 여러 유명한 이야기가 있습니다만, 앞에 이야기한 『성냥팔이 소녀』와 『인어 공주』는 이 책 첫머리에 소개한 모리스 마테를링크의 「파랑새」와 어딘지 흡사한 점이 있다고 저는 생각합니다. 어디가 흡사한가 하면, 인간은 행복을 추구하지만 설사 얻었다 하더라도 그것은 곧 사라져버린다는 것을 암시한다는 점입니다. 더 나아가 행복을 추구할 수는 있으나 자신의 처지와 지나치게 동떨어진 것을 바란다면 자칫 불행의 바닥으로 떨어질 수 있다는 경고를 발한 것으로 해석할 수 있습니다. 바꾸어 말하면 인간은 최소한의 행복을 추구해야 만족도 높은 삶을 살 수 있다는 교훈을 마테를링크나 안데르센이 말하고자 했던 것이 아닐까 합니다.

마테를링크의 희곡과 안데르센의 동화에 대해 제 나름으로 해석해보았는데, 그것은 실은 행복에 대한 저의 관점이기도 합니다. 행복을 추구하는 것은 좋으나 자신의 손이 닿을 수 없을 것 같은 것을 추구하지는 마라, 자신의 형편에 어울리는 최소한의 행복을 추구하는 것이 좋다 — 라는 것입니다. 나아가 행복을 얻는 것보다 더 좋은 것은 없겠지만, 그것을 얻어서 기뻐 어쩔 줄 모르다가 교만에 빠져서는 안 된다 — 라고 할 수도 있겠습니다. 이렇게 이야기한 저의 해석을 덴마크 사람들은 실천에 옮기고 있다고 저는 생각합니다.

모자람이 없는 복지제도

지금까지 덴마크 사람들이 어떻게 복지국가의 길을 걸어왔는지를 역사적으로 살펴보았습니다만, 이제 이 나라 복지의 현황에 대해 조금 서술해보겠습니다. 복지의 역사에 관해 이야기할 때 덴마크의 연금제도와 의료제도가 어떤 재원을 사용하고 어떤 지급 원칙에 입각해왔는지를 말씀드린 바 있습니다. 그것을 다시 정리하면, 직업과는 무관하게 전 국민을 동일한 제도로 처우한다는 것과 재원은 보험료가 아니라 세금을 중심으로 조달한다는 것입니다.

즉, 예를 들어 연금으로 말하면 고소득자와 저소득자에 차이를 두지 않는 정액 지급으로서, 고령자 거의 전부가 생활이 가능한 연금을 받고 있습니다. 덧붙여 말한다면, 연금 지급액은 2012년도에 부부라면 대략 연액 257만 엔이고, 단신이라면 201만 엔 전후로, 결코 고액은 아니지만 모자람도 없는 지급액이라고 할 수 있습니다. 이 금액이라면 가난한 고령자는 출현하지 않을 것입니다.

그 밖의 사회보장제도를 보면, 먼저 의료입니다만, 원칙적으로 환자가 내야 할 의료비는 거의 없습니다. 의료 시스템은 초기 단계의 진료를 하는 가정의와 보건의, 고도의 치료를 담당하는 제2단계의 전문의나 병원들로 나누어집니다. 가정의로 대응하기 어려운 때에는 전문의에게 보내집니다. 원칙적으로 무료라는 대단히 관대한 의료제도를 취하므로, 국가 예산의 10%가 의료비에 쓰입니다. 다만 국가가 진료를 억제하고자, 예를 들어 진찰이나 입원에 일수 제한이나 항목 제한 같은 것을 설정하는데, 이는 의료비를 억제하기 위해 어느 정도 불가피한 일이라 할 것입니다.

요양 보호 제도 역시 원칙적으로 무료입니다. 요양 보호가 필요한 사람은 신청을 하고 심사를 거쳐 서비스를 받습니다. 덴마크의 특색은, 시설에 수용하는 요양 보호는 비용이 들기에 될 수있는 한 억제하고 재택 요양 보호를 위주로 한다는 점입니다. 따라서 방문 요양 보호가 중심이 되는데, 24시간 서비스를 제공합니다.

이상에서 설명한 바와 같이 연금, 의료, 요양 보호 등을 대단히 관대하게 제공하는 것이 덴마크의 특색입니다. 이와 관련해 또 한 가지 특색은 이 나라 복지제도의 역사를 설명할 때 강조했듯이 지급액 대부분을 세수로 충당한다는 점입니다. 사회보험료로 징수하는 것은 대단히 적고 연금, 의료, 요양 보호 등에 필요한 재원의 대부분을 세수로 충당합니다.

세수가 아니라 보험료로 운영하는 제도에 실업보험이 있습니다. 실직 시에는 매달 약 23만 엔 정도의 수당이 2년간 지급되니, 관대한 수당이라 하겠습니다. 과거에는 4년간 지급되기도 했으니 놀라운 일입니다. 그러나 후술하다시피 실업자 수를 될 수 있는 한 축소하는 데 노동정책의 초점을 맞추고 있으므로 게으른 사람이 실업 급여를 받기는 어렵게 되었습니다.

이 같은 복지제도가 가져오는 효과를 정리하면 다음과 같습니다. 첫째, 전 국민을 거의 평등하게 취급한다는 정신이 침투합니다. 어느 나라나 국민 간에 소득 격차는 존재하지만, 적어도 복지제도의 적용에 관한 한 그 지급에 큰 차이를 두지 않는다는 주의를 이 나라는 채택하고 있습니다. 다시 말해 모든 국민에게 최저한의 생활 보장과 안심을 제공하는 것입니다.

둘째, 덴마크는 복지뿐만 아니라 교육 분야에서도 다액의 공공 지출을 한다는 것을 강조하고 싶습니다. 의무교육은 당연하고, 고등학교와 대학교의 수업료는 무료입니다. 다만 중요한 것은, 고교 진학률이 50% 전후로 상당히 낮고, 대학 진학률은 20% 전후밖에 안 됩니다. 일본의 경우 전자가 97%, 후자가 50%로 높다는 점과 비교할 때 큰 차이가 있습니다. 진학률이 이 정도로 낮다면 고등학교와 대학교의 무상교육이 어려운 일은 아닐 것입니다.

이와 관련해 지바 다다오(千葉忠夫, 2009)가 흥미로운 해석을 내놓은 바 있습니다. 대저 인간의 타고난 능력이나 학력 분포를 생각해볼 때 일본처럼 진학률이 높다면 그 고등학교와 대학교들에는 학업을 감당할 수 없는 학생들이 학교에 다닌다는 것이 되거니와, 이는 쓸데없는 교육을 하는 셈이다, 오히려 덴마크의 진학률 책정이 정당한 교육정책이라 할 수 있다 — 이러한 주장입니다.

셋째, 국가가 이 정도의 질 높은 복지와 교육을 국민들에게 제공한다면 국가는 그 재원을 국민들에게서 징수해야 합니다. 세금과 사회보험료가 국민소득에서 점하는 비율, 즉 국민 부담률이 2008년에는 69.9%로, 덴마크는 세계 최고 수준에 속했습니다. 참고로 이야기하자면 스웨덴이 59.0%, 노르웨이가 54.8%, 핀란드가 59.3%로 복지국가인 북유럽 나라들의 국민 부담률은 하나같이 높습니다만, 특히 덴마크의 부담률이 인상적입니다. 일본은 국민 부담률이 40.6%로 이 나라들보다는 상당히 낮은 수준입니다.

아시다시피 덴마크에서는 소득 격차가 크지 않다는 전제로 하는 이야기입니다만, 고액 소득자의 소득세율이 의료 부과세와 노동시장 헌금*을 포함해 약 60%이고, 중간층의 세율은 40%대입니다. 여기에 더해 소비세(정확하게는 부가가치세)가 25%이므로 덴마크 국민들은 상당히 무거운 부담을 짊어지는 셈입니다.

넷째, 국민들에게 이만큼 높은 부담을 부과하는데도 국민들이 큰 불만을 토로하지 않고 그것을 수용한다는 점이 흥미롭습니다. 이는 지바(千葉忠夫, 2009)와 저 자신(橘木俊詔, 2010)과 제니모토 다카유키(錢本隆行, 2012) 등이 주장하듯이, 그렇게 높은 부담에 걸맞은 질 높은 복지 서비스들을 공공 부문에서 확실히

• 의료 부과세는 의료 급여에 사용되고 노동시장 헌금은 실업수당에 사용된다.

받을 수 있다는 확신이 국민 대다수에게 있기 때문입니다. 모든 국민이 '생활에 불안이 없다', '생활이 곤란해지면 정부가 지원해준다'라고 생각할 정도로 안전망이 충실하므로 그와 같은 높은 부담을 용인하는 것입니다. 바로 그렇기에 덴마크 국민들의 행복도가 세계 제일이겠지요.

복지를 떠받치는 강한 경제

덴마크 국민들이 대단히 높은 수준의 복지 서비스를 받는 동시에 대단히 높은 부담을 수용하는 것은 그들에게 역사적으로 축적해온 강한 연대 의식이 있기 때문입니다. 그런데 그것을 떠받쳐주는 것이 이 나라의 강한 경제라는 사실 또한 지적하지 않을 수 없습니다. 그와 아울러 빈부 격차가 작다는 것이 국민들의 행복도를 높인다는 것도 밝힐 것입니다.

우선 이 나라 경제가 강하다는 것을 1인당 국내총생산GDP으로 살펴보겠습니다. 〈표 3-1〉은 세계 각국의 GDP를 달러 표시로 비교한 것입니다. 덴마크는 세계 7위로, 경제가 강하기로 세계 최상급에 속한다는 것을 알 수 있습니다. 이것은 국민들의 소득이 높다는 것으로서, 바로 이것이 앞에서 본 것처럼 덴마크 국민들이 높은 국민 부담률을 감당하게 하는 것입니다. 다만 미국이나 일본처럼 가계소득이 더 높으면서도 세금이나 사회보험료

순위	국가	GDP
1	룩셈부르크	115,809
2	카타르	98,144
3	노르웨이	97,607
4	스위스	83,073
5	오스트레일리아	66,371
6	아랍에미리트	63,626
7	덴마크	59,709
8	스웨덴	57,638
9	캐나다	50,496
10	네덜란드	50,216
⋮		
14	미국	48,328
⋮		
17	일본	45,870

자료: *International Financial Statistics*, 2012.10.

부담률이 낮은 나라들도 있는 만큼 높은 소득이 곧바로 높은 부담률로 연결되는 것은 아닙니다. 덴마크 국민들이 왜 높은 부담률을 용인해왔는지는, 지금까지 기술해온 역사적 경위와 국민성 및 문화에 크게 의존한다는 것을 여기서 다시 한 번 말씀드리겠습니다.

덴마크 경제는 왜 강할까요? 다시 말해 생산성이 왜 높을까요? 그 이유로는 몇 가지를 들 수 있습니다. 첫째, 국제경영개발원International Institute for Management Development: IMD의 통계에 의하면 북유럽의 여러 나라가 IT 선진국으로서 생산성이 높다는 점이 있습니다. 2010년의 IT 경쟁력 순위를 보면 스웨덴이 1위, 덴마크가 2위를 기록했습니다. 각 산업에 IT 기술이 활용되는 정도가 높고 또 그 효과가 크므로 각 산업의 생산력이 높아지는 것은 자연스러운 일이라 할 수 있습니다.

둘째, 덴마크는 약한 기업 또는 약한 산업을 보호해 존속시키는 산업 정책과 결별해 강한 기업 또는 강한 산업이 시장에 참여하는 것을 장려해왔습니다. 다시 말해 경영 부진에 빠진 기업들을 지원하지 않고 자연 도태되는 것을 묵인해왔습니다. 그렇게 하면 다른 새로운 기업들이 비즈니스 기회를 구해 출현할 여지가 높아집니다.

셋째, 기업들을 퇴출시키므로 실업자들이 생기는 것은 피할 수 없는데, 이 실업자들이 다른 기업에 들어가기 쉽게 노동시장이 정비되어 있다는 것입니다. 구체적으로 말하면, 실업보험제도가 앞에서 설명한 대로 충실하므로 생활에 어려움을 겪지 않아도 됩니다. 그리고 대단히 중요한 것은, 전직하는 노동자들을 위한 직업훈련이 두텁게 마련되어 있다는 것입니다. 덴마크의 노동시장을 보면 일반적으로 말해 유동성이 높고 전직에 저항이 없는데, 이것은 물론 실업자들에게도 해당합니다.

경제협력개발기구OECD는 덴마크의 노동시장을 유연안정성 모델flexicurity model로 평가합니다. 이 조어造語는 'flexibility(유연성)'와 'security(보장성)' 양쪽을 모두 지닌다는 의미입니다. 구체적으로는, 노동시장의 유동성이 높고 실업보험제도가 충실하게 갖추어졌으며 또한 정부가 직업훈련이나 직업 소개를 적극적으로 수행한다는 것 등을 말합니다(翁百合 外, 2012 참조).

넷째, 기업의 생산활동을 활성화하고 경쟁력을 높이고자 법인세율을 상당히 억제해왔다는 점도 지적해야 할 것입니다. 덴마크의 법인세율은 25%로 일본보다도 낮습니다. 덴마크를 비롯한 북유럽 여러 나라는 국민 부담률이 높은데, 그들은 그 부담을 기업들에서 구하지 않고 국민 일반에게서 구합니다. 여기에는 '기업을 강화함으로써 가계소득을 높이고, 복지나 교육 서비스의 부담은 그것을 받는 국민들이 직접 지게 한다'는 정신이 깔린 것 같습니다.

덴마크의 경제가 강하다고 말할 때 잊어서는 안 될 것이 있습니다. 그것은 덴마크 여성들의 노동 참여율이 높다는 것입니다. 현재 남성 취업률이 79%, 여성 취업률이 74%인바, 여성 쪽이 남성 쪽보다 조금밖에 낮지 않습니다. 다시 말해 육아 휴가 중인 여성을 제외하면 기혼 여성과 미혼 여성 대부분이 취업해 있습니다. 이것은 나라 경제를 강화할 뿐 아니라 기혼자의 경우 그 가계소득을 높이는 데 기여합니다. 덴마크 경제가 강한 것과 국민소득이 높은 것을 설명하는 열쇠 중 하나가 여성들입니다.

더 나아가 여성 취업을 지원하고자 여러 가지 육아 지원 정책이 도입되어 있습니다. 덴마크에서는 영아와 유아가 있는 부모를 위해 육아 휴가 제도뿐만 아니라 보육원 시설 제공, 아동 수당 지급 등 여러 제도가 마련되어 있고, 모친뿐만 아니라 부친도 육아에 적극적으로 참여한다는 특색이 있습니다. 요컨대 육아 지원 정책을 거국적으로 펴는 것이 여성 취업률을 남성의 취업률과 거의 같은 수준으로 높여놓았습니다.

다음으로, 국민들이 평등성을 강하게 지지해온 것이 가져온 효과를 이야기하겠습니다. 우선 덴마크의 소득재분배가 평등성이 높다는 것을 확인해보겠습니다. 〈표 3-2〉는 여러 선진국에서 재분배 소득(즉, 과세 전 소득에서 세금과 사회보험료를 공제하고 사회보장 지급액을 더한 소득)의 불평등성을 지니계수로 나타낸 것입니다. 선진국 전부를 망라한 표는 아닙니다만, 덴마크의 지니계수는 대단히 낮다는 것을, 소득분배의 평등성이 대단히 높다는 것을 알 수 있습니다. 국민 간에 빈부 격차가 대단히 작고 국민 대다수가 중류 소득자로 되어 있습니다. 덧붙인다면 스웨덴과 핀란드 등 북유럽 나라의 소득 격차도 대단히 작습니다.

이 높은 평등성을 임금 분포로써 보겠습니다. 〈표 3-3〉은 노동자의 직업별 임금을 나타낸 것입니다. 이 수들은 초임을 표시한 것으로, 경험한 햇수를 쌓아감에 따라 유능한 사람과 그렇지 못한 사람 사이에 임금격차가 확대될 가능성은 있습니다만, 초임이 직종 간 차이를 순수하게 반영한다는 장점은 있습니다.

이 표에서 가장 인상적인 것은 직종별 임금 격차가 대단히 작

〈표 3-2〉 OECD 여러 나라의 소득 격차

국가	지니계수
미국	0.379
영국	0.345
이탈리아	0.337
일본	0.329
캐나다	0.324
한국	0.315
독일	0.295
네덜란드	0.294
프랑스	0.293
핀란드	0.259
스웨덴	0.259
노르웨이	0.250
덴마크	0.248

주: ① 소득은 세대원 수로 조정된 세대 가처분소득을 사용했다.
　　② 관측년은 2000년대 말이다.
　　③ 옛 사회주의국가들과 중진국들을 제외했고, 선진국도 주요국으로 한정했다.
자료: OECD, 페이스북(Facebook), 2011~2012.

〈표 3-3〉 직종별 초임 급여

직 종	평균 초임 급여
판매점원	1만 9993크로네(29만 9895엔)
농부	2만 2720크로네(34만 800엔)
창구 담당 은행원	2만 5987크로네(38만 9805엔)
도장공	2만 7488크로네(41만 2320엔)
미용사	2만 7831크로네(41만 7465엔)
간호사	2만 6205크로네(39만 3075엔)
대장장이	2만 8600크로네(42만 9000엔)
초등학교 교사	3만 1295크로네(46만 9425엔)
신문기자	3만 4450크로네(51만 6470엔)
변호사	3만 9967크로네(59만 9505엔)
가정의	3만 5835크로네(53만 7525엔)

주: 주 37시간 노동을 기준으로 한 것이다.
자료: 교육 안내[Uddannelses Guiden(https://www.ug.dk/)]
　　에 의거, 錢本隆行(2012)에서 인용.

다는 것입니다. 가장 임금이 높은 직업은 변호사이고 가장 낮은 직업은 판매점원인데, 그 차가 대략 두 배에 지나지 않습니다. 미국이나 일본이라면 초임 급여로도 서너 배 이상의 차이가 있다는 것을 생각할 때 직종에 따른 임금격차가 덴마크에서 얼마나 작은지를 알 수 있습니다.

일본이나 미국에서는 의사와 변호사들이 높은 교육을 받았고 또 어려운 일에 종사하므로 높은 임금을 받습니다만, 덴마크에서는 높은 교육이나 고도로 복잡한 일에 대한 보상을 그다지 높게 하지 않습니다. 그보다는 모든 사람에게 인간으로서 그럭저럭 먹고살 수 있는 임금을 주는 것이 공평한 처우라고 많은 사람이 믿는다고 생각해야 하는 것 아닌가 합니다. 바꾸어 말하면 덴마크 국민들은 평등성에 높은 가치를 둔다고 해석할 수 있습니다. 이것은 〈표 3-2〉에서 보듯이 낮은 지니계수, 작은 소득 격차로 확인할 수 있는 바입니다.

소득분배의 평등성이 높다는 것이 왜 국민 행복도를 높이는지를 여기서 정리해보겠습니다. 첫째, 그 나라 국민 가운데 극단적으로 소득이 높은 사람들이 있으면 보통 사람들은 그러한 사람들을 부러워할 가능성이 있으며, 그럴 경우 그들은 자신이 불행하다고 생각하는 정도가 심해질 가능성이 있습니다.

둘째, 자신을 궁핍하다고 생각하는 사람의 수가 대단히 적으므로, 다시 말해 대다수 사람이 적어도 경제생활에 곤란을 겪지는 않으므로, 스스로 불행하다고 느끼지 않을 뿐만 아니라 행복하다고 느끼는 정도가 높습니다.

셋째, 첫째와 둘째 부분을 다른 말로 표현한다면, 자기 주변에 있는 사람들의 소득이 자신과 동일한 수준이라는 것을 알게 되므로 국민 대다수가 스스로 중류(중산층)라고 인식합니다. 이 경우 높은 소득을 추구하는 사람으로서는 불행하다고 느낄는지 모르겠습니다만, 덴마크에는 그러한 사람 수가 적다는 것입니다.

소득분배의 불평등 또는 소득 격차의 효과에 대해서는 제4장에서 더 상세히 논할 것입니다.

정리

덴마크는 비교적 따뜻한 기후와 평탄한 토지 덕분에 농업이 발달했고 경제는 약간 풍족한 편에 속하는 나라였습니다. 농업협동조합이 발달해 국민 간에 자유·평등·민주·연대의 의식이 양성되었고, 이른 시기에 왕정에서 민주정치로 전환했습니다. 그리고 이웃 프로이센에서 발전한 사회보장제도를 빨리 도입했고, 복지제도를 충실화하는 데 열성을 쏟았습니다. 자유·평등·연대 의식이 점점 더 강화되었고 질 높은 복지국가가 만들어졌습니다. 국민들은 소득 격차가 작으면서도 평균적으로는 비교적 높은 소득을 얻게 되었으며, 복지가 충실하기에 안심하고 살 수 있다고 생각해서 국민 대부분이 행복하다고 느끼는 나라가 되었습니다.

2. 부탄의 행복

국민 97%가 행복한 나라

2005년도 국세조사國勢調查 결과 국민의 97%가 '나는 행복하다'고 느끼는 것으로 나와 전 세계에 놀라움과 충격을 준 나라가 부탄이었습니다. 경제성장을 이룬 나라도 아니고 아직 발전도상국인 작은 나라 부탄에서 100%에 가까운 사람들이 빈곤에도 불구하고 행복하다고 느낀다니 도대체 어찌 된 일인가 하고 전 세계의 관심이 집중되었고, 부탄은 천국으로 각광받았습니다.

부탄의 빈곤율은 당시 23.2%에 달했고 1인당 GDP도 1416달러에 지나지 않아 경제적으로는 결코 풍족한 나라가 아닌데도 국민들이 불행하다고 생각하지 않았습니다. 이 사실은 이른바 행복도를 연구하는 사람들에게 '이것을 어떻게 생각해야 할 것인가'라는 논점을 던졌습니다. 부탄의 사례는 인간의 행복이란 무엇인가, 경제적 풍요함이 반드시 인간의 행복으로 연결되는 것은 아니다 등의 주제들을 연구하는 계기를 부여했습니다.

부탄이라는 나라를 간단히 살펴보겠습니다. 이 나라는 북쪽으로는 중국, 남쪽으로는 인도라는 초대국과 접한, 인구 70만 명 정도밖에 되지 않는 소국입니다. 게다가 수천 미터 급의 산들로 둘러싸였고 평지는 적어서 농업이나 여타 산업이 발달하기 어렵습니다. 국민들이 경제적으로 풍족해질 수 없는 여건 아래 있는 것입니다.

부탄에서 중요한 것은 국민 대다수가 티베트계 불교도라는 점입니다. 불교에는 여러 종파가 있는데, 부탄의 불교는 예를 들어 고야스 마스오와 스기모토 히토시가 엮은 책(子安增生·杉本均編, 2012) 속 좌담회에 나오듯이 '좋은 일을 하면 좋은 결과가 돌아온다, 나쁜 일을 하면 나쁜 일이 돌아온다'와 같은 윤리적 사고를 중시해, 사람들이 될 수 있는 한 좋은 일을 하고 싶다는 바람을 품고 삽니다. 나아가 "잘 먹겠습니다", "잘 먹었습니다", "덕택에" 같은 불교적 발상이 민중 가운데 깊이 뿌리를 내려서 항상 감사의 마음을 품고 살아갑니다. 그리하여 사람들에게 '내 전답을 늘리는 것 같은 경제적 풍요를 추구하는 것보다 어떻게 하면 모두가 즐겁게 지낼 수 있을까와 같은 것을 우선하는' 경향이 있다고 합니다.

마음에 그런 경향이 있으면 사람들은 경제적으로 부자가 되어 안락한 삶과 화려한 소비를 추구하기보다는, 일상생활 가운데 가족이나 가까운 친지들과 즐거운 대화를 나누거나 상호부조

하는 것을 통해 서로 연결되는 데에서, 또는 안심하고 살 수 있는 데에서 삶의 보람을 찾습니다. 이 나라에서는 현재 의료와 교육이 무료로 제공되어서 국민들은 건강에 관해 안심할 수 있고 교육을 받고자 할 경우 비용을 걱정하지 않아도 됩니다. 다만 교육제도가 아직 미비한 상태에 있으므로 국가가 지급하는 교육비가 적다는 사정이 있다는 것을 염두에 두어야 할 것입니다.

GNH

부탄은 국민총생산GNP 등으로 표시되는, 즉 경제적 소득이나 소비 같은 것으로 측정되는 부富의 수준에만 의존하지 않고 다른 요소들도 고려한 지표를 개발한 것으로 유명합니다. 1972년에 즉위한 제4대 국왕 지그메 싱기에 왕추크 Jigme Singye Wangchuck가 21세가 되던 해인 1976년에 국민총행복지수GNH를 제창하면서, 이것이 GNP보다 더 중요한 것이 아니냐고 세상에 물었습니다. 그리고 그것이 세계적 주목을 받았습니다. 그렇게 GNH 사상이 평가를 받게 된 데에는 1972년에 로마클럽이 "퇴출 GNP!"의 슬로건 아래 『성장의 한계 The Limits to Growth』라는 책을 출판해 경제성장 제일주의에 경종을 울린 것이나, 1973년에 시작된 오일쇼크로 세계 경제가 거래가 활발하지 않고 저조한 상태에 빠진 것 등 시대적 상황도 작용했습니다. 여기서 GNH가 어떤 요소들로 구성되었는지를 간단히 보겠습니다. GNH에는 다음 네 개의 기둥이 있습니다. 첫째는 경제적 자립, 둘째는 환경보호, 셋째는 문화 증진, 넷째는 좋은 통치 ─ 이렇게 넷입니다. 소득 같은 경제적 요인들은 네 기둥 가운데 첫 번째 기둥에 들어가 있을 뿐이고, 나머지 세 개는 환경, 문화, 정치 같은 비경제적 요소인 것에 주목해주십시오. 환경보호는 자연을 중시하는 부탄 국민들의 생각에 따른 것이고, 문화는 티베트 불교의 가르침을 충실히 지키는 것과 가족의 유대를 중시하는 국민들의 사고를 반영한 것이며, 좋은 통치는 왕정이 정치적으로 잘 기능하는 상황을 추인한 것이라고 해석하지 않을 수 없습니다. 이것은 부탄의 국가 지도자가 국민들에 대해 경제적 요인 외의 것들에서 높은 행복도를 보여줄 것을 기대하고 설계한 것이다 ─ 라고 해석한다면 너무 냉소적인 해석이 될까요?

부탄은 GNH에 대한 평판이 좋은 것에 자신을 얻어 2006년에는 이 지표를 좀 더 충실화한 GNH 확대판을 만들어서 발표했습니다. 확대판은 아홉 가지 지표를 고려합니다. 이 지표들은 오하시 데루에의 책(大橋照枝, 2010, 2011) 또는 에다히로 준코·구사고 다카요시·히라야마 슈이치의 책(枝廣淳子·草郷孝好·平山修一, 2011)에 해설되어 있는데, ① 시간을 사용하는 방법, ② 좋은 통치(정치), ③ 신체의 건강, ④ 문화의 다양성, ⑤ 지역(커뮤니티)의 활력, ⑥ 살림살이(생활수준·소득), ⑦ 마음의 건강, ⑧ 생태계(환경보호), ⑨ 교육의 아홉 가지가 그것들입니다.

이전의 네 가지 지표에 새로 추가된 것이 시간, 건강, 지역의 활력, 정신 면의 행복, 교육이라는 다섯 가지입니다. 새 지표를 만들어낸 부탄연구센터 Centre for Bhutan Studies: CBS의 생각은 행복도의 지표에 정량적으로 계측할 수 있는 것들만 들어가서는 안 되고 정성적인 것이나 질적인 것들도 포함해야 맞는다는 것입니다. 사실 선진국을 포함한 다른 나라들의 행복도 지표에도 정성적인 평가밖에 할 수 없는 변수들이 늘어나는 만큼 그러한 경향이 부탄만의 특색이라고 단정할 수는 없습니다.

부탄연구센터는 이 아홉 가지 지표를 이용해서 부탄 국민들의 행복도를 수량화했습니다. 그 결과가 〈표 3-4〉입니다. 종합 평가가 0.805로, 거의 8할 전후의 사람이 행복하다고 하는 만큼 상당히 높은 행복도를 보여줍니다. 개개 지표에 주목한다면 가장 높은 것이 0.970의 시간 사용 방법으로, 지나치게 일하는 상태에 빠지지 않는 부탄 국민들의 여유를 알아차릴 수 있습니다. 이것은 발전도상국의 장점(시간에 여유가 있다)이기도 하면서 단점(소득이 높지 않다)이기도 하다는 양면을 지녔다고 하겠습니다. 반대로 가장 낮은 것은 0.548의 교육이었는바, 국민 다수가 희망하는 수준의 교육을 받지 못하는 것에 불만이 높다는 것을 알 수 있습니다.

아홉 가지 지표를 높은 순서대로 나열한다면 시간, 좋은 정치,

<표 3-4> 부탄의 GNH 지수(2005년)

GNH의 영역	GNH 지수
마음의 건강	0.772
생태계	0.713
건강	0.855
교육	0.548
문화	0.852
살림살이	0.814
시간을 사용하는 방법	0.970
커뮤니티의 활력	0.838
좋은 정치	0.880
종합	0.805

자료: 枝廣淳子·草鄉孝好·平山修一(2011).

신체의 건강, 문화의 다양성, 커뮤니티의 활력, 살림살이, 마음의 건강, 생태계(환경보호), 교육의 순이었습니다. 살림살이(즉, 생활수준·소득)가 제6위라는 것은 부탄 국민들이 이제 경제가 풍요롭지 않다는 것을 슬슬 깨닫기 시작했고 좀 더 유복한 생활을 하고 싶다는 희망을 품기 시작했다는 것으로 해석할 수 있겠습니다.

그런 해석을 뒷받침하는 데이터로, 에다히로·구사고·히라야마의 책(枝廣淳子·草鄉孝好·平山修一, 2011)에 게재된 2006~2007년도 조사 결과를 보여드리겠습니다(<표 3-5>). 이것은 건강, 경제, 일, 가족이라는 네 가지 차원에서 부탄 사람들이 얼마만큼 만족하는지를 나타낸 것입니다. 이 표에 의하면 86.6%의 높은 비율로 만족을 보이는 것은 가족 방면이고, 반대로 가장 낮은 만

	만족	어느 정도 만족	그다지 만족하지 않음	만족하지 않음
건강 방면	56.0	34.0	5.4	3.4
경제 방면	39.4	40.9	13.4	5.4
일 방면	62.9	26.9	6.0	1.7
가족 방면	86.6	10.3	2.3	0.3

자료: 枝廣淳子·草鄕孝好·平山修一(2011).

족도를 보이는 것은 경제 방면으로, 39.4%에 지나지 않습니다. 경제 방면으로 말하면 "어느 정도 만족"하는 40.9%를 합할 경우 80.3%가 되어 아직도 많은 사람이 그 나름대로 만족하기는 하나, 건강 방면이나 일 방면과 비교할 때 그 비율이 좀 낮다고 할 수 있습니다. 현대 부탄인들의 특색을 정리한다면, 가족 관계에서는 크게 만족하는 한편 경제적인 풍족과 관련해서는 만족하는 사람의 비율이 조금 낮아집니다. 후자는 앞에서 이야기한 저의 다소 냉소적인 해석과 부합하는 결과라 할 수 있습니다.

GNH에 대한 평가

부탄 국민들의 행복도가 대단히 높다는 사실이 전 세계에 알려진 것이, 국민들의 풍족함을 소득이 높다는 것 같은 경제적 풍요만으로 나타낼 수 없다는 공리가 정착하는 데 큰 역할을 했습니다. 하기는 선진국에서도, 가령 이스털린 가설처럼, 1인당 GDP

같은 가계소득이 늘어난다고 해서 반드시 생활 만족도가 높아지는 것은 아니라는 인식이 있었던 만큼 소득만이 행복도를 나타내는 변수가 아니라는 것은 선진국과 후진국 공통의 인식이라 해도 좋을 것 같습니다.

부탄에 특유한 것을 보충한다면, (비경제적 지표들이나 정신적 행복이 고려된 GNH에 비추어) 부탄 국민들의 행복도가 높은 것은 불교 사상을 중시하는 부탄 국민들의 정신세계가 반영된 것이라고 상상할 수 있습니다. 그 외에 부탄 각지에는 정보가 결핍되어 있어 외국에서는 얼마나 풍족한 소비생활을 하는지를 알지 못하는 까닭에 물질적인 풍족함에 무관심한 태도를 보인다는 사정도 무시해서는 안 될 것입니다.

20세기 말에 동독을 비롯한 동유럽 여러 나라의 민중들이 동란을 일으켰던 것은 이 나라 사람들이 TV 등의 대중매체를 통해 서독을 비롯한 자본주의 나라 사람들이 얼마나 풍족한 경제생활을 하는지 알 수 있어서 자기들도 그렇게 살고 싶다는 소망을 품게 된 까닭이 큽니다. 그 반면에 부탄 사람들은 그렇게 경제적으로 풍족하게 살아가는 삶을 알 기회가 별로 주어지지 않아서 지금과 같은 낮은 생활수준에도 만족하는 것이 아닌가 하고 저는 해석합니다.

그러나 시대가 바뀌어 2008년에 부탄은 왕정을 폐지, 입헌군주에 의한 의회 민주주의 국가로 변모했습니다. 그러면서 헌법

제9조에 GNH를 국시로 규정했습니다. 그런데 시대의 흐름이 부탄을 비켜가지 않아 정보화 사회의 물결이 부탄에도 밀려들었고 국민들은 다른 나라들에 대해서도 알게 되었습니다. 그리하여 사람들, 특히 젊은 사람들을 중심으로 "전기냉장고나 자동차를 가지고 싶다"와 같은, 풍족한 경제생활을 희망하는 목소리들이 터져 나온다고 보고됩니다. 그것은 곧 자기들의 가난한 경제생활에 대해 초조해하기 시작한 것이고, 풍족한 경제생활을 할 수 없는 나라에 사는 것을 불행하다고 느끼기 시작한 것입니다.

≪아사히 신문≫ 2012년 7월 1일 자에 의하면 2010년의 GNH 조사에서는 부탄 국민 가운데 "행복하다"라고 답한 사람이 41% 밖에 되지 않았습니다. 2005년의 97%에서 절반 이하로 떨어진 것과 관련해서는 질문 문항이나 조사 수법이 좀 상이했다는 점에 유의할 필요가 있습니다만, 여하튼 국민 상당수의 행복도가 저하되었다고 살필 수 있습니다. 이는 앞에서 설명한 대로 부탄 국민들이 다른 나라 사람들의 풍족한 생활을 알게 된 데 더해, 인생에서 경제생활이 담당하는 몫이 크다고 생각하게 된 데 따른 것이라고 미루어 생각할 수 있습니다. 바꾸어 말하면 가족의 유대를 중심으로 한 빈핍 생활만으로는 행복할 수 없다고 부탄 국민들이 생각하기 시작한 것입니다. 부탄 국민들 역시 선진국들과 마찬가지로 어느 정도의 소득이 없으면 만족스러운 생활이 되지 않는다, 또는 행복한 인생을 위해서는 어느 정도 소득이 필

요하다고 생각하게 되었다는 이야기입니다. 그것은 곧 부탄 역시 선진국으로 가는 길을 걸어야 한다는 국민들의 의사 표시입니다.

제4장

불평등, 재분배 정책과 행복

국민 간에 불평등이나 격차가 확대되는 시대입니다. 특히 많은 나라에서 소득 격차가 확대되는 것이 관찰되고, 일본도 예를 들어 저의 책(橘木俊詔, 1998, 2006)이 보여주듯이 격차 확대에 예외가 아닙니다. 소득이 높은 사람일수록 행복도가 높은 것이 사실인데, 소득 격차가 확대되면 그만큼 빈곤자 수가 늘어나므로 불행을 느끼는 사람의 수가 늘어날는지 모릅니다. 여러 선진국에서는 격차를 시정하고자 조세나 사회보장 또는 교육정책을 통한 재분배 정책을 시행하는데, 그러한 정책이 국민 행복도에 어떤 영향을 주고 있을까요? 이번 장에서 논해보겠습니다.

1. 불평등의 효과

소득의 높고 낮음에 따라 행복도가 달라진다

'소득이 높은 사람일수록 행복도가 높을 것이다'는 명제에 많은 사람이 찬동할 것입니다. 반대로 말한다면 소득이 낮은 사람일수록 행복도가 낮다는 것입니다. 이 명제를 연구 사례 몇 가지를 통해 검증해보겠습니다.

먼저 일본에서는 어떠할까요? 앞의 장에서도 소개했습니다만, 〈표 4-1〉은 오타케·시로이시·쓰쓰이(大竹文雄·白石小百合·筒井義郎, 2010)가 작성한, 세대 소득에 따른 계층별 행복도로, 잠시 복습과 추가 해석을 해보겠습니다. 여기서 제1분위 계층이란 소득이 낮은 사람부터 일렬로 세워 하위 25%에 해당하는 사람들을 말하고, 제2분위는 그 위 25%에 해당하는 사람들을, 제4분위는 소득이 높은 계층을 말합니다.

〈표 4-1〉은 "당신은 전체적으로 어느 정도 행복하다고 느끼십니까?"라는 질문에 대해 가장 불행한 0단계부터 가장 행복한 10단계까지의 회답을, 0~3단계를 "불행하다"로, 4~6단계를 "어느 쪽도 아니다"로, 7~10단계를 "행복하다"로 삼분해 일본인들의 행복도 분포를 나타낸 것입니다. 여기에 사용된 가계소득의 수치들은 세대 인원수에 의해 조정되지 않은 수치입니다.

<표 4-1> 세대 수입과 행복도

세대 연간 수입 계층(4분위)	불행(0~3)	어느 쪽도 아님(4~6)	행복(7~10)	합 계
1(하위 25%)	13.90	43.98	42.12	100
2	8.29	37.79	53.92	100
3	8.89	33.89	57.22	100
4(상위 25%)	2.98	28.15	68.87	100
합 계	9.31	37.26	53.43	100

자료: 大竹文雄·白石小百合·筒井義郎(2010).

〈표 4-1〉을 보면 불행하다고 느끼는 사람들의 비율이 소득이 낮은 계층일수록 높고, 행복하다고 느끼는 사람들의 비율이 소득이 높은 계층일수록 높게 나와서, 소득이 높은 사람일수록 행복을 느낀다는 명제가 일본에도 들어맞는다고 결론지을 수 있습니다. 이 〈표 4-1〉에서 흥미를 끄는 것은 "어느 쪽도 아니다"라고 회답한 사람들인데, 하위 계층의 44%와 상위 계층의 28%나 되는 사람들이 그렇게 회답해서 행복하지도 않고 불행하지도 않다는 계층이 상당 규모 존재함을 알 수 있습니다. 고소득자층이라 하더라도 행복하다고 느끼는 사람들은 기껏해야 69%에 지나지 않습니다. 이것은 행복한지 아닌지를 판단할 때의 기준이 되는 것은 소득 외의 요소들일는지 모른다는 것을 암시해줍니다. 그런 것들로는 가족이나 결혼, 일, 여가, 인간관계, 건강 같은 여러 요소를 생각할 수 있습니다. 일본인들이 소득 외의 어떤 것들에서 '행복'을 느끼는지가 이번 장의 연구 과제입니다.

그렇다고는 하나 인간은 먹고살아야 합니다. 그리고 그렇게 하려면 '돈', 즉 소득이 필요합니다. 따라서 많은 사람이 될 수 있는 한 유복한 생활을 할 수 있기를 바라는 것은 지극히 당연한 일입니다. 이를 받아들인다면 소득이 높은 사람일수록 행복도가 높다는 명제가 바른 명제라는 것은 쉽게 이해할 수 있습니다.

외국의 경우

(1) 미국

일본인들이 가장 흥미와 관심을 보이는 미국인들은 어떻게 생각할까요? 〈표 4-2〉는 일본과 마찬가지로 소득 계층을 4분위로 나누어 미국 국민들에게 행복도를 물은 것입니다. 양자의 차이는, 일본의 〈표 4-1〉에서는 중간으로 평가한 사람들을 "어느 쪽도 아니다"라고 명명했음에 비해 미국의 〈표 4-2〉에서는 "꽤 행복하다"로 명명했다는 점입니다. "어느 쪽도 아니다"와 "꽤 행복하다"는 어감이 서로 다릅니다. 다만 양쪽 다 행복도를 세 계급으로 나누는 만큼 동일한 기준에 가깝다고 이해해도 될 것이며 결과의 의미에 큰 차이는 없다고 생각합니다.

　미국인들의 행복감도 일본인들과 마찬가지로 소득의 높고 낮음에 따라 평가가 결정된다는 기본에서는 동일합니다. 즉, 소득이 낮은 사람일수록 행복도가 낮고 반대로 소득이 높은 사람일수록 행복도가 높아, 동서양을 막론하고 가계소득의 높고 낮음

<표 4-2> 미국의 소득 계층별 만족도 차이(1975~1992년, 단위: %)

	그다지 행복하지 않다	꽤 행복하다	대단히 행복하다
제1분위	19.88	56.04	24.07
제2분위	12.52	58.02	29.46
제3분위	8.98	56.22	34.80
제4분위	6.08	53.14	40.78

자료: Di Tella, MacCulloch and Oswald(2003: 809).

이 사람들의 행복감에 주는 효과는 동일합니다. 사람들의 '행복'은 경제적 풍요에 상당 정도 좌우되는 것입니다.

다만 미국과 일본 사이에는 미묘한 차이가 있습니다. 그것은 일본에서 "행복하다"라고 말한 사람들과 미국에서 "대단히 행복하다"라고 말한 사람들의 각 비율과 관련된 것입니다. 즉, 일본인들은 모든 소득 계층에서 미국인들보다 20~30% 포인트만큼 비율이 높습니다. 이것은 일본인 가운데 "행복하다"라고 느끼는 사람들의 비율이 미국인들의 그것보다 높다는 것을 의미합니다.

양국 간의 이 차이를 설명하는 요인으로 몇 가지를 생각할 수 있습니다. 첫째, 일본인들이 미국인들보다 인생을 더 낙관적으로 보는 성향이 있을 가능성이 있습니다. 제2장에서 술회한 대로 성격이 외향적 또는 개방적인 사람일수록 행복도가 높은 만큼 일본인들이 미국인들보다 외향성과 개방성이 높다고 해석할 수 있습니다. 이것은 미국인과 일본인의 심리에 대한 우리의 일반적 인식과는 다른 것이 아닌가 합니다. 다시 말해 우리는 일반적으로는 미국인들은 외향적·개방적인 성격이고 일본인들은 내향적·신경질적인 성격으로 이해하지 않습니까? 따라서 미국과 일본의 성격 차이에 따른 해석으로는 설명이 잘 안 됩니다.

둘째, 일본인들은 가계소득의 풍요를 기준으로 행복도를 평가하는 정도가 미국인들의 그것보다 높다는 논리가 성립한다면 미일 간의 차이를 잘 설명할 수 있게 됩니다. 미국인들은 경제 요인보다 다른 요인들(예를 들어 가족, 일, 사회 같은 것들)로 자신의 행복도를 판단하는 정도가 높은지 모릅니다. 여하튼 미일 간의 심리적인 성격 차이를 정확하게 알 수 없으므로 여기에 제시한 첫 번째와 두 번째 가설은 일단 잠정적인 것에 지나지 않는 것이라고 해둡시다.

〈표 4-3〉은 미국의 소득 계층을 좀 더 상세하게(즉, 10분위로) 분류한 것입니다. 〈표 4-3〉에서 행복도는 "그다지 행복하지 않다"(1.0), "꽤 행복하다"(2.0), "매우 행복하다"(3.0)로 나누어 그 평균치들을 나타낸 것입니다. 〈표 4-3〉의 소득에는 세대 인원수로 조정된 등가 소득等價所得을 사용했습니다.

샘플 전체의 평균은 2.17이어서 미국 국민 전체의 행복도는 "꽤 행복하다"보다 조금 위인 것을 알 수 있습니다. 이 〈표 4-3〉을 통해 알고자 한 것은 소득 계층을 상세히 분류했을 때의 행복도 차이입니다. 가장 소득이 낮은 제1분위 사람들의 행복도는 1.94로 가장 낮은 수치입니다만, 놀라운 것은 "꽤 행복하다"보다

〈표 4-3〉 소득 계층별로 본 등가 소득과 행복도의 상관관계(미국, 1994~1996년)

	행복도의 평균[a]	등가 소득의 평균[b](1996년의 미 달러로 환산)
샘플 전체	2.17	20,767
제1십분위 수	1.94	2,586
제2십분위 수	2.03	5,867
제3십분위 수	2.07	8,634
제4십분위 수	2.15	11,533
제5십분위 수	2.19	14,763
제6십분위 수	2.29	17,666
제7십분위 수	2.20	21,128
제8십분위 수	2.20	25,745
제9십분위 수	2.30	34,688
제10십분위 수	2.36	61,836

주: "모르겠다"와 무응답자는 샘플에서 제외했다.

　　a) 행복도의 평균은 "그다지 행복하지 않다"=1, "꽤 행복하다"=2, "매우 행복하다"=3
　　으로 해서 계산했다.

　　b) 등가 소득은 세대 소득을 세대 인원수의 제곱근으로 나눈 것이다.

자료: Frey and Stutzer(2002). 데이터는 전국여론조사센터(National Opinion Research
　　Center: NORC)의 종합적 사회조사(General Social Survey: GSS)를 사용했다.

근소하게 낮을 뿐이라는 것입니다. 다시 말해 최빈 계층이라 하더라도 미국 국민들은 그리 불행하다고는 느끼지 않는다는 것입니다.

최빈 계층의 사람들이 왜 높지는 않더라도 그 나름의 행복을 느끼며 사는지에 대해서는, 몇 가지 이유를 들 수 있습니다. 첫째, 미국은 소득 계층 간 또는 직업이나 기업 간 이동이 상당히 빈번하게 이루어지는 나라이므로 오늘은 빈핍하더라도 내일은 부자가 될는지 모른다는 희망이 있는 사회여서, 지금 좀 참고 견디면 된다고 생각하며 불행하다고는 생각하지 않는다 — 이것이

데릭 복(Bok, 2010), 브루노 프라이(Frey, 2008) 등을 비롯한 많은 논자가 지적하는 점입니다.

둘째, 미국에는 자립을 중시해 많은 것을 자기 책임으로 돌리는 국민성이 있어서, 내가 지금 가난한 것은 내가 게을렀던 까닭이고, 좀 견디다 보면 좋은 일자리를 얻어 높은 소득을 올릴 수 있을는지 모르며, 따라서 지금은 단기적으로 체념할 때라고 생각하고 불행하다고 느끼지 않는다는 것입니다. 제가 미국에 체류하던 중에 본 TV 프로그램에서, 현장 진행자가 대도시의 노숙인(홈리스homeless)에게 "노숙인으로 살고 있으니 사회를 원망하십니까?"라고 물으니 그는 "나한테 책임이 있는 만큼 사회를 원망하지 않아요"라고 답하는 것을 보고 제가 모종의 감동을 느낀 일이 있습니다. 또한 노숙인들에게 설문 조사를 한 결과 약 절반의 노숙인이 자신의 게으름으로 말미암아 그렇게 되었다고 답한 것으로 나오는 논문을 사회학 전문지에서 본 적이 있고, 사람이 가난해진 것은 그의 게으름 때문이라고 믿는 사람이 미국인의 60%에 달한다는 보고도 있습니다(Alesina, Glaeser and Sacerdote, 2001).

반대로 생각할 수도 있습니다. 미국에는 거액의 부를 획득한 사람들이 적지 않은데, 서민들은 그러한 사람들을 상찬하는 경향이 있습니다. 그리하여 가난한 사람들이 높은 소득이나 부를 얻은 사람들을 질투하지 않는 경향이 있는데, 그것은 자립정신의 발로이기도 한 것입니다.

이 〈표 4-3〉에서 알 수 있는 또 하나 흥미로운 사실은, 소득이 상승함에 따라 행복도가 상승한다는 것은 당연한 일이고, 문제는 그 상승의 정도에 관한 것입니다. 그것은 소득 계층이 한 단계 올라갈 때마다 행복도의 증분增分은 체감적으로 감소한다는 점입니다. 예를 들어 하위 다섯 그룹의 행복도는 평균해 0.05포인트 상승하지만, 상위 다섯 그룹의 행복도 평균은 0.03포인트밖에 상승하지 않습니다. 이것은 소득이 높아지면 높아질수록 행복도의 증분이 체감적으로 낮아져 간다는 것을 이야기해줍니다. 경제학을 배운 독자라면 한계효용체감의 법칙을 기억하실 것인데, 바로 한계행복도체감의 법칙이라 칭해도 좋을 정도입니다. 반대로 말하면 소득이 낮은 사람일수록 자신의 행복도를 평가할 때 소득이 수행하는 역할이 크며, 소득이 높아질수록 그 역할이 작아진다는 말입니다.

마지막으로 말하고 싶은 것은, 세계 각국을 경제발전의 단계로 구분해서 국민 행복도를 측정해보면 1인당 국내총생산GDP이 낮은 개발도상국에서는 행복을 평가할 때 소득의 비중이 커지는 반면, 선진국에서는 소득이 높더라도 행복도가 그렇게 높지 않은 나라들이 존재한다는 것입니다. 이것이 유명한 이스털린 가설인데, 이것이 의미하는 바가 한 나라 안에서 소득이 낮은 사람과 높은 사람이 행복을 어떻게 평가하는지의 차이가 되어 나타나고 있어 흥미롭습니다.

(2) 유럽

눈을 유럽으로 돌려봅시다. 미국과 유럽은 자유주의와 민주주의를 기본으로 하며 기독교라는 동일한 문화적 배경을 가집니다. 그러나 미국 국민들은 유럽이라는 전통 사회를 싫어해 신천지로 이주한 사람들의 자손이 많은 까닭인지 진취성이 풍부한 사람이 많다는 인상을 받습니다. 어딘지 폐쇄적인 풍습이 남은 유럽과 자립정신이 강한 미국은 행복에 대한 관점이 서로 다르지 않을까 하는 상상을 불러일으킵니다. 경제에 눈을 돌려보면, 자본주의가 고도로 발전한 미국에서는 자본주의를 긍정하는 사람들이 많은 것에 비해, 최초로 산업혁명을 일으키고 초기 자본주의를 일으켰던 유럽에서는 자본가와 노동자 간에 심각한 계급 대립이 벌어졌었고 그것이 다소 약화되었다고는 하나 오늘날에까지 이어집니다. 이러한 사정이 유럽과 미국 간에 행복감에 대한 차이를 빚어냈을 수 있을 것 같습니다.

이를 실증적으로 검증한 것이 알베르토 알레시나·에드워드 글레이저·브루스 새서도트의 연구(Alesina, Glaeser and Sacerdote, 2001)입니다. 이 연구에서 그들은 미국인과 유럽인들에 대한 설문 조사를 이용해 양 지역 사람들이 행복을 어떻게 평가하는지를 비교했습니다.

이 연구 결과를 대략 정리하면 다음과 같습니다. 첫째, 미국인이나 유럽인이나 모두 소득 격차가 클 경우 행복도가 낮아진다는 것을 인정할 수 있습니다. 다시 말해 소득 격차가 작을수록 사람들의 행복도가 높아지는 것으로 판단됩니다. 그렇기는 하나 미묘한 차이가 있습니다. 즉, 유럽인들이 미국인들보다 불행의 정도가 약간 높습니다. 이것을 바꾸어 말한다면, 미국인들은 설사 국민 간에 소득 격차가 크더라도 그것을 합리적이라고 용인하는 마음이 유럽인들보다 좀 더 강하다는 점입니다. 반대로 유럽인들은 소득 격차가 큰 것을 용인하지 못하고 정부를 상대로 무언가 정책적 대응을 요구합니다.

둘째, 지금 이야기한 미국과 유럽의 차이는 각 지역에 거주하는 사람들의 소득 차이, 즉 설문에 회답한 사람들이 고소득자인지 저소득자인지 하는 차이와, 그 각자의 사상이나 주의主義의 차이에 의해 나타난 것입니다. 구체적으로 말하면 미국의 고소득자들은 소득 격차가 큰 것에 약간 신경을 쓰지만(문제시하지만) 저소득자들은 그것에 신경 쓰지 않는다(문제시하지 않는다)는 특색이 있습니다. 한편 유럽의 고소득자들은 미국과는 반대로 소득 격차가 크다는 것에 신경 쓰지 않으나(문제시하지 않으나) 저소득자들은 그것에 신경을 쏟다(문제시한다)고 하는 식이어서, 양자가 서로 다른 관점을 보입니다.

미국과 유럽의 고소득자와 저소득자들이 서로 왜 이렇게 다른 태도를 보이는지에 대해 저자들은 미국은 개방사회여서 소득 계층상 이동이 있으므로 지금은 저소득자라 하더라도 참고 견디면 언젠가는 고소득자가 될 수 있다는 믿음이 있는 데 비해 유럽은 계층이 고정되어 이동이 없으므로 저소득자는 언제까지라도 저소득자일 수밖에 없어 불만의 정도가 높다고 설명합니다. 저는 이 설명이 맞다고 생각합니다.

이해할 수 없는 것은 미국의 고소득자들이 품은 의향입니다. 기본적으로는 유럽의 고소득자들과 마찬가지로 고소득에 만족하기는 하나 그 정도가 유럽의 고소득자들보다 얼마간 낮다는 것이 좀 이상합니다. 미국에서는 자유경쟁주의가 널리 받아들여져서, 경제적으로 성공한 사람들은 자신이 노력한 대가로 얻은 고소득을 당연지사로 생각할 것 같았는데 이것이 확인되지 않습니다. 미국인 고소득자들이 자신의 높은 소득에 대해 얼마간 신경을 쓰는 것(문제시하는 것)은 무슨 까닭일까요? 그들은 자기들에게 부과되는 높은 소득세율에 강하게 저항할 정도로 자신의 권익을 지키려 하는 사람들이므로 더욱 이해할 수 없습니다. 생각건대 (고소득자들을 포함한) 미국인들은 청교도(퓨리턴Puritan) 정신의 흐름을 이어받아 높은 불평등은 인간 사회에 바람직한 것이 아니라고 생각해서 설문 조사에서는 적어도 표면적으로 만큼은 자신의 고소득에 대해 비하하는 것이라고 해석할 수 있을는지 모르겠습니다. 그러나 현실 세계에서 미국의 고소득자들은 높은 소득에 의한 유복한 경제생활에 만족하며, 소득세율이 높을 경우 그에 반대하는 행동에 나섭니다.

유럽의 고소득자들로 말하면, 계급사회성이 짙게 남은 사회답게 이 지역의 자본가나 특권계급들은 자신이 누리는 많은 자산과 높은 소득은 부모나 조상 같은 앞 세대에게서 물려받은, 말하자면 당연한 권리라고 이해하는 것으로 보입니다. 이들의 경우 자신이 혜택받은 계층에 속한다는 것에 대해 혐오감 같은 것은 거의 없다고 해야 합니다.

한편 유럽의 저소득자들은 그러한 계급사회를 바람직한 것으로 생각하지 않으며 좌익 사상을 가진 사람들이 많아 소득 격차의 시정을 요구하는 경향이 있습니다. 유럽에서는 우익(정확하게는 보수주의)과 좌익(정확하게는 사회민주주의)의 정치적 대립을 흔히 볼 수 있고, 좌익이 정권을 잡으면 조세나 사회보장을 통해 복지국가의 색채를 강화하고 저소득 계급에 유리한 정책들을 도입하곤 해왔습니다. 그러다가 그것이 지나치다고 판단되면 경제활성화의 기치를 든 우익이 정권을 잡아 복지가 후퇴합니다.

영국의 전후 역사를 보면 보수당과 노동당 간에 여러 번 정권교체가 있었는바, 앞에서 이야기한 것을 잘 뒷받침해줍니다. 대국 독일과 프랑스도 비슷한 역사가 있습니다. 이들 나라와 다른 것이 이 책에서 상세히 살펴본 덴마크로, 덴마크에서는 대부분 시기에 사회민주당이 정권을 잡았으므로 계속해서 복지국가로 존재해왔습니다. 스웨덴과 핀란드 같은 다른 북유럽 나라들도 덴마크와 유사한 특색을 가집니다.

왜 소득의 높고 낮음에 따라 행복도가 달라질까

고소득자와 저소득자 간에 정치사상의 차이에 따라 행복에 대한 관점이 서로 다를 수 있고, 미국인과 유럽인 간에도 그것이 서로 다를 수 있다는 것을 알았습니다만, '인간은 소득이 높아지면 높아질수록 행복도가 높아진다'는 명제는 어느 나라에서나 성립합니다. 이것이 왜 보편적 주장이 될 수 있을까요? 여러 가지 논거를 제시할 수 있습니다.

첫째, 지금까지 말해온 것을 되풀이합니다만, 소득이 높으면 높은 소비를 누릴 수 있으므로 풍족한 경제생활을 할 수 있습니다. 가옥, 가구, 자동차 등의 내구소비재나 의복, 식사, 레저 등등의 소비생활을 풍부하게 하는 것은 인간의 욕망이므로 인간은 그렇게 할 수 있다면 행복을 느낍니다. 그에 더해 소득이 높으면 저축을 많이 할 수 있으므로 장차 발생할 수 있는 각종 위험(퇴직, 질병, 요양 보호, 실업, 가족의 상실 등)에 대비할 수 있어 안심하고 살 수 있는 것 ─ 이것이 또한 행복감을 가져다줄 것입니다.

둘째, 풍족한 소비생활은 자신의 만족을 높여주는 것이 확실하지만, 타인과 비교해 자신의 화려한 소비가 타인에 대한 과시가 되므로, 소득이 높은 사람이 많은 소비를 하는 것은 행복도를 높여주는 기능을 합니다. 이것이 소스타인 베블런(Veblen, 1899)이 말한 '현시적顯示的 소비conspicuous consumption'로, 베블런은 인간 사회에 현시적 소비가 존재한다는 것을 주장한 것으로 유명합니다. 이와 관련해 베블런보다 앞 세대에 속하는 경제학자인 제임스 듀젠베리(Duesenberry, 1949)는 가계 소비가 타인과 비교해 타인에게 지고 싶지 않다거나 과거 자신의 소비보다 수준을 떨어뜨리고 싶지 않다는 희망에 의해 인도된다는 주장을 한 바 있습니다. 이것이 소비함수론에 속하는 '상대소득가설'의 일종입니다.

셋째, 이것은 둘째 내용과 연관된 것입니다만, 고소득자들은 스스로 저소득자보다 위에 있다는 우월감을 품는데, 그런 감각이 행복도를 더 높여줄 가능성이 있지 않은가 합니다. 다른 한편 저소득자들은 자신이 처한 환경을 참담하게 생각해 불행하다고 느끼는 정도가 좀 더 커집니다. 이러한 것들이 소득 차이에 의한 행복도의 차이를 더 확대할 가능성이 있습니다.

넷째, 고소득자 가운데에는 고학력에 관리직이나 전문직 같은 상위 직종에 몸담은 경우가 많은데, 이들은 자신의 높은 학력이나 높은 위신prestige과 관련해 보람 있는 일을 한다는 자부심을 품어서, 높은 소득에 따른 행복에 그만큼의 만족이 추가될 가능성이 있습니다. 바꾸어 말하면 고소득자가 느끼는 높은 행복

도에는 높은 소득을 산출하는 요인인 교육이나 일에 대한 만족
도가 기여하는 부분이 존재한다는 것입니다. 따라서 저소득자의
행복도가 높지 않은 데에는 (저소득에 따른 불만에 더해) 그들의
학력이 낮다는 것, 일 자체가 큰 만족을 주지 않는 것, 노동이 가
혹한 것 등도 작용한다고 할 수 있습니다. 그렇다면 소득 그 자
체의 효과와 교육이나 직업의 효과를 엄격히 구별해, 각각 행복
도에 어떻게 기여하는지를 측정할 필요가 도출됩니다만, 이에
대해서는 일본인의 행복도를 측정한 제2장에서 조금 더 다루었
거니와, 자세한 것은 저와 다카마쓰高松 씨의 최근 저작을 참고
해주시기 바랍니다.

2. 재분배 정책의 효과

재분배 정책이란

세상에 고소득자와 저소득자·빈곤자가 존재한다는 것은 사실
이거니와, 고소득자들에게서 저소득자·빈곤자들에게로 소득을
이전하는 정책을 재분배 정책이라 부릅니다. 전자에게 높은 세
율을 매기고 후자에게 낮은 세율 또는 제로 세율을 매김으로써
소득 격차를 시정하거나 사회보장제도에서 보험료와 지급액에

차이를 설정하는 것으로도 재분배 효과를 거둘 수 있습니다. 조세나 사회보장 외에 예를 들어 교육 분야에서도 재분배 효과가 작용합니다.

대체로 보아서 어느 정도의 재분배 정책을 시행하느냐는 나라에 따라 크게 다릅니다. 국민들이 그것을 어느 정도로 바라는가 하는 정도에 따라 정부의 정책이 달라지고 그에 따라 재분배 효과의 강약이 결정됩니다. 선진국에 한해 말한다면, 미국과 일본에서는 그 정도가 약하고 유럽 여러 나라에서는 그 정도가 강합니다. 나아가 유럽에서도 재분배 효과가 가장 강한 것은 복지국가인 덴마크와 스웨덴 같은 북유럽 나라들이고, 그다음이 독일과 프랑스 같은 중부 유럽이며, 이탈리아와 스페인 같은 남부 유럽에서는 그 효과가 약한 편입니다. 재분배 효과가 강한 나라일수록 소득분배의 평등성이 높고, 반대로 그것이 약한 나라일수록 소득분배의 불평등성이 높아 빈곤자 수가 많아지는 것은 당연한 귀결입니다.

이렇게 기술하고 보니, 유럽에서는 소득분배와 관련해 평등성이 높은 것이 바람직하다고 생각하는 사람이 많고 미국이나 일본에서는 소득 격차가 커도 상관없다고 판단하는 사람이 많다고 해석할 수 있을 것 같습니다. 소득 격차가 작으면 높은 소득을 올릴 수 있는, 능력 있고 열심히 일하는 사람들의 노동 의욕이 저해되므로 경제 활성화에 마이너스 요인이 된다고 생각하고, 저소득자·빈곤자는 많은 경우 그들 자신의 게으름에 원인이 있는 것으로 생각해, 미국과 일본에서는 사회보장 급여를 두텁게 할 필요가 없다는 목소리가 크므로 강한 재분배 정책을 용인하지 않는다고 해석할 수 있습니다.

이 책은 제목이 '행복'의 경제학인 만큼, 국가의 재분배 정책 시행으로 사람들의 행복도가 어떻게 변화하는지, 누가 '행복'을 느끼는지를 분석합니다. 더 나아가 앞에서 이야기했듯이 나라에 따라 재분배 정책의 정도에 강약이 있는 만큼, 어떤 나라 사람들이 재분배 정책으로 행복도가 높아지는지 또는 낮아지는지와 같은 것들을 논합니다.

미국과 유럽을 비교했을 때 유럽(특히 북유럽의 여러 나라) 쪽이 소득분배로 말미암아 나타나는 높은 불평등에 불행을 느끼거니와, 그러한 점도 있어 유럽에서는 강한 소득분배 정책을 채택해왔습니다. 그리고 유럽(특히 북유럽의 여러 나라) 쪽은 복지국가들로서 국민들에게서 높은 세금과 사회보험료를 징수해 국민들에게 높은 사회보장 급여를 제공하는데, 그렇다면 유럽에서는 누가 그 이익을 누리고 누가 그 결과로 행복도가 높아질까요? 이 질문에 대한 답을 우리는 오노 히로시와 크리스틴 슐츠 리의 연구(Ono and Lee, 2012)에서 찾을 수 있습니다.

먼저 재분배 효과를 통해 누가 행복도를 높이는지를 정리해보겠습니다. 행복도가 높아지는 사람이 있다면 반대로 행복도가

<표 4-4> 누구의 행복도를 상승 또는 저하시키는가

	행복도가 상승하는 사람들	행복도가 저하하는 사람들
소득 계층	저소득층	고소득층
성별	여성	남성
혼인 상황	기혼자(동거 포함)	독신자
자녀 유무	자녀 있음	자녀 없음
나이	청년·노년층	중년층
고용 상황	실업자	피고용자

낮아지는 사람도 있을 것입니다. 후자는 정부가 시행하는 재분배 정책의 희생자가 되는 사람들이 누구인지 밝히는 문제입니다. 이것들을 정리해본 것이 〈표 4-4〉입니다.

〈표 4-4〉로 정리된 것을 보충해서 설명하겠습니다. 북유럽 여러 나라의 복지국가를 연상하면 이해하기 쉬울 것인데요, 소득 계층과 관련해서는 고소득층이 높은 세금을 부담하고 또 사회보험료로 내는 것도 약간 많은 만큼 이들은 희생을 강요받는다는 감정으로 말미암아 행복도가 저하된다고 할 수 있습니다. 그 반면 저소득 계층은 세금과 사회보험료 부담률이 낮고 또 그보다 더 중요하게는 생활보호제도를 포함한 높은 사회보장 급여를 받아 많은 편익을 누린다는 실감 때문에 행복도가 높아집니다.

성별과 관련해서는, 남녀 간 임금 격차나 소득 격차가 일본보다는 훨씬 작습니다만, 그런데도 남녀 간에 격차는 있습니다. 그렇다면 소득 계층과 관련해 기술한 것과 같은 논리로, 저소득 여성의 행복도를 높이고 반대로 고소득 남성의 행복도를 낮춘다는 것이 됩니다. 그러나 이렇게 보는 것에 큰 설득력은 없고, 오히려 가족에 대한 지원의 효과 쪽이 훨씬 크다고 할 수 있습니다. 다시 말해 여성과 관련해서는 뒤에서 이야기하는 자녀의 유무가 더 크게 작용해 여성의 행복도를 높인다고 할 것입니다.

혼인 상황과 관련해서는, 독신자와 비교할 때 기혼자 쪽의 행복도가 높아지는 반면 독신자들은 희생자라는 감정을 품고 행복도가 낮아집니다. 어째서 이 같은 일이 발생하느냐 하면, 유럽에서는 복지국가의 기본 방침 가운데 가족을 여러 가지 형태로 지원하는 전통이 있기 때문입니다. 이른바 일과 생활의 균형을 존중하는 입장에서 양육 지원이나 아동 수당, 기타 교육비 지출 등 두터운 지원을 하므로 자녀가 있는 기혼자들의 행복도를 상당 정도 높입니다. 그 반면 독신자들에게는 정부 지원이 거의 없다는 인식이 있어 이들의 행복도는 낮아집니다.

또한 기혼자이면서 자녀가 없는 사람들은 편익을 받지 못한다고 느낄 가능성이 있습니다. 자녀가 있으면 앞에서 이야기한 대로 여러 가지 지원을 받을 수 있는 데 비해, 자녀가 없으면 그런 지원이 없기 때문입니다. 나아가 부부 양쪽이 일해서 그 합계 소득이 높은데 소득세 누진제가 채택되어 있다면, 높은 세금을 지급해야 합니다. 이것이 법적으로 결혼하지 않고 동거하는 커플을 증가시킨 한 원인이 되었습니다.

동거와 관련해서 또 하나 중요한 것이 있습니다. 유럽의 여러 나라와 미국에서는 법적으로 결혼하지 않고 함께 사는 사례가 대단히 많아졌습니다. 이는 '매리지 페널티marriage penalty'를 피하려는 것뿐만이 아니라, 사회에 널리 퍼진 현상입니다. 이런 풍조는 일본처럼 결혼한 부부가 대다수인 것과 큰 차이를 보입니다. 예를 들어 프랑스에서는 신생아의 약 절반이 결혼하지 않은 남녀 사이에서 태어날 정도로, 그런 양식이 사회 일반에 받아들여져 있습니다.

이것은 법적으로 결혼한 부부와 결혼하지 않고 같이 사는 남녀에 대한 사회적 시각에 거의 차이가 없다는 것과, 태어난 자녀에 대한 처우(예를 들어 유산상속이나 양육 지원 등)에 차이를 두지 않는 제도 등에 기인합니다. 무엇보다도 예를 들어 일본에는 아직도 남은, 사회의 차가운 시선 같은 것이 없다는 것이 중요합니다. 수십 년 전에 유럽과 미국에서 일어난 일이 일본에서도 일어나는 사례가 많은 만큼 앞으로는 일본에서도 결혼하지 않고 함께 사는 남녀가 증가할 것으로 예상할 수 있겠습니다.

행복이라는 화제로 돌아간다면, 법적 부부와 그렇지 않은 남녀의 조합 사이에는 세제상의 '매리지 페널티'를 제외한다면 실질적 차이가 거의 없으므로 동거자들도 재분배 정책에서 기혼자들과 마찬가지의 편익을 누림을 알 수 있습니다. 다시 말해 동거자나 기혼자나 똑같이 복지국가 정책에 의해서 행복도가 높아집니다.

지금까지 결혼했느냐 단순한 동거이냐를 불문하고 남녀 두 사람이 함께 산다면 정부에서 여러 가지 복지 정책의 이익을 받아 행복도가 높아진다고 말했습니다만, 남녀 두 사람이 함께 산다는 것은 복지 정책의 유무와 관계없이 그 자체로 행복을 느끼게 한다는 것을 강조하고 싶습니다. 남자와 여자는 본능에 따라 서로 끌리므로 마음에 든(애정을 느끼는) 이성과 함께 있다는 행복감이 크다는 말씀입니다.

자녀가 있는지 없는지는, 지금까지 이야기한 대로 복지국가의 수익자가 되느냐의 여부에 큰 차이를 빚어냅니다. 자녀가 있으면 출산 수당, 육아 휴가 제도, 아동 수당 또는 부양공제, 교육 수당 등 여러 제도에 의해 두터운 서비스를 받으므로 그러한 서비스를 받는 사람들은 행복도가 상당히 높아집니다. 그 반면 자녀가 없는 사람들은 그러한 서비스들을 받지 못하므로 행복도가 높아질 수 없고 오히려 자기들은 희생자라고 인식합니다. 다만 일본에서는 자녀가 없는 부부 쪽이 자녀가 있는 부부 쪽보다 행복도가 약간 더 높습니다. 이 점에서 유럽과는 조금 다르다는 것을 기억해두시기 바랍니다.

다음은 나이에 관한 것입니다. 복지 서비스의 수익자라 하면 연금, 의료, 요양 보호 등의 서비스를 받는 고령자들과 (여러 가지로 두터운 지원을 받는) 자녀가 있는 젊은 커플들인 만큼 고령층과 청년층이 복지국가 덕택에 행복을 누리는 연령층이라 할 수 있습니다. 그 반면 중년층은 병에 걸리거나 실업자가 되었을 때 복지 서비스를 받기는 하나, 제공받는 서비스의 양이 청년층이나 고령층의 그것에 상당히 못 미치므로 이들은 복지국가 덕택에 누리는 행복이 별로 없다고 하겠습니다.

마지막으로 실업자냐 피고용자냐의 차이에 관한 것인데요, 실업이라는 것은 소득이 없어지는 것을 의미하므로 충실한 실업보험제도가 존재한다면 실업자가 되었다 하더라도 생활고를 느끼지 않아도 되어 생활상의 불행을 거의 느끼지 않는다고 할 수 있습니다. 그러한 나라에서는 확실히 행복도가 내려가지 않는다고 할 수 있습니다. 그런데 실업 급여는 피고용자들이 내는 보험료로 조달됩니다. 이 경우 피고용자들 자신은 보험료를 내기만 할 뿐 받는 것이 없으므로 스스로 불행하다고 생각할까요? 그렇지 않습니다. 그들은 자신도 언젠가 실업자가 되는지 모르므로 그런 때를 대비한 안전망으로서 실업보험제도의 의의를 충분히 받아들입니다. 그리하여 복지국가에서 이 제도를 비판하는 목소리는 거의 들리지 않습니다.

그런데 일본으로 돌아와 보면, 실업보험제도(일본에서는 이를 고용보험이라고 부릅니다)나 생활보호제도에 대한 비판의 목소리가 크다고 할 수 있습니다. 진지하게 일자리를 찾지 않고 실업 급여를 받아 뻔뻔스럽게 살고 있다거나 일할 수 있는데 일하지 않고 있다거나 또는 당사자나 친족에게 자산이나 소득이 있는데도 그것을 감추고 부정하게 생활보호를 수급한다는 등의 말들을 합창하고 있습니다.

왜 일본에서는 그런 목소리가 크고, 두터운 복지 서비스를 제공하는 유럽에서는 그런 목소리가 작은지, 우리의 관심을 끄는 주제입니다. 한 가지 해답은, 일본에서는 실업이나 빈곤이라는 것은 당사자의 노력 부족이나 게으름에서 생긴 것이다, 다시 말해 자기 책임으로 돌릴 부분이 큰 만큼 스스로 해결해야 한다고 생각하는 사람이 많아서일는지 모릅니다. 그에 비해 유럽 복지 국가들에서는 약자의 존재를 자기 책임으로 돌리는 정도가 상대적으로 약하고 또한 어떤 사람에게 불행이 닥쳤을 때는 사회 전체적으로 돕는 정신이 역사적으로 양성된 것도 크게 작용합니다. 이런 점들에 대해서는, 저의 책(橘木俊詔, 2010)에 상세히 나왔으니 참조하시기 바랍니다.

여기서 강한 소득재분배 정책 또는 복지국가라는 것이 사람들의 행복감에 어떤 영향을 미치는지를 정리해보겠습니다. 유럽, 특히 덴마크와 스웨덴 같은 북유럽의 여러 나라처럼 정부가 강력한 재분배 정책을 시행하는 복지국가들에서는 이른바 약한 입장이나 불행한 상황에 부닥친 사람들, 즉 저소득자나 빈곤자, 여성, 청년층·고령층 및 실업자 등에 대해 다양한 소득 이전 정책 또는 안전망을 제공하고, 따라서 이들은 그러한 서비스들을 받으며 행복도가 높아진다는 것은 확실한 일입니다.

또 하나 중요한 점으로, 자녀를 가진 부모나 가족들에게는 다양하고 두터운 복지 서비스를 제공해서, 그러한 서비스에서 수익을 받는 사람들의 행복도를 높인다는 점입니다. 이들 나라에서는 자녀 양육을 그 부모에게만 떠맡겨서는 안 된다, 사회에서 아이들을 길러야 한다는 신념이 널리 퍼져서 그러한 두터운 양육 지원을 실행합니다. 또 하나는, 남성만이 아니라 여성이 일하는 것이 본인에게나 사회에 중요하다는 믿음이 널리 퍼져 있어 사회 전체적으로 여성이나 자녀들에게 복지 서비스들을 제공하는 것을 용인한다는 것도 크다고 하겠습니다.

높은 복지 서비스를 제공하거나 강한 소득재분배 정책을 시행하려면 국민 전체 또는 특히 고소득자의 부담이 커질 수밖에 없습니다만, 그런 고소득자들의 저항감이 높지 않다, 다시 말해 높은 부담에 대해 불행을 느끼는 정도가 약하다는 것이 이들 나라의 특색을 형성합니다.

제5장

경제학에서는 행복을
어떻게 파악해왔는가

이 책은 경제학의 입장에서 '행복'을 논하는 것이 목적인 만큼 이번 장에서는 경제학이 등장해 오늘에 이르기까지 경제학은 행복을 어떻게 이해해왔는지 기술합니다. 옛날의 중상주의·중농주의에서 시작해 스미스, 리카도, 발라스 등을 중심으로 한 고전파경제학을 논합니다.

'행복'과 관련해서는, 경제학은 소비에서 얻는 '효용(또는 만족)'을 분석의 중심에 두어왔으므로 효용이라는 개념의 의의와 한계를 논합니다. 고전파경제학을 대체하는 경제사상으로 마르크스경제학(사회주의경제학)과 케인스 경제학, 그리고 고전파를 발전시킨 신고전파경제학에 대해서도 언급합니다.

1. 고전파 시대

중상주의와 중농주의

경제학의 역사를 돌아보면 최초에 넓은 의미에서 지칭하는 고전파경제학이 있었는데, 거기에 다시 중요한 학파 세 개가 있었습니다. 첫 번째가 중상주의, 두 번째가 중농주의, 그리고 세 번째가 흔히 일러 말하는, 이른바 좁은 의미의 고전파경제학입니다.

첫 번째인 중상주의가 등장하던 무렵에는 아직 경제학이 거의 발전하지 않았습니다. 오히려 경제학이라기보다 경제 현상으로서 중상주의라는 것이 유럽을 중심으로 그 중요성을 키우고 있었습니다. 국왕의 힘이 강하고 군사력도 강했던 스페인, 포르투갈, 네덜란드를 중심으로 아메리카, 아프리카 또는 아시아에 식민지들을 세우고 거기서 산출된 물자들을 유럽으로 수입하는 경제활동이 그것이었습니다.

그런데 일찍이는 군사력으로써 약탈을 저질렀으나 현지 주민들이 언제까지나 말없이 복종한 것은 아니어서 결국 약탈을 할 수 없게 됩니다. 그런 가운데 무역이 늘어나 수출입이라는 것이 존재하게 되었고, 유럽 나라들은 상품 수입 대금을 벌어야 했습니다. 때마침 유럽에서는 이른바 섬유산업을 중심으로 한 경공업이 발달하기 시작해 그들은 그 경공업 제품들을 식민지에 수

출한다는 작전을 택했습니다. 그들은 보호무역주의를 취해 될 수 있는 한 수입을 억제하고 수출 확대를 도모해서 그 무역 차액을 늘리려고 애썼는데, 이것도 중상주의의 한 가지 특징이었습니다.

그런데 중상주의를 통해 부를 획득한 것은 국왕, 귀족, 무역업자, 산업가 같은 일부 사람뿐이었습니다. 경제생활로 표시되는 이들의 '행복'은 증대했지만, 일반 서민들의 '행복'은 고려되지 않았습니다. 다시 말해 중상주의에서 나타나는 '행복'은 전 국민을 대상으로 한 것이 아니었습니다.

두 번째인 중농주의는 중상주의와는 달리 무역이나 상업, 경공업 같은 것이 아니라 농업이 경제의 주산업이라는 신념 아래 발전한 주의입니다. 프랑스의 경제학자인 프랑수아 케네François Quesnay가 산업을 농업, 공업, 상업의 셋으로 분류한 다음 그들 상호 간에 어떻게 거래가 되는지를 『경제표Tableau économique』라는 형태로 정리했는데, 그 가운데 근원적 산업은 어디까지나 농업이라는 것이 그의 주장이었습니다.

여기서 대단히 재미있는 것은 당시의 농업이 시장주의를 표방했다는 점입니다. 그 이전의 농업에서는 토지를 소유한 봉건 영주가 소작인들을 고용하고 지대나 작물을 수취해 돈을 버는 장원 제도莊園制度가 지배적이었으나, 이때의 중농주의자들은 독립 자영농민들에게 토지를 주고 그들이 자유롭게 생산하고 판매

할 수 있게 해야 한다고 주장했습니다. 요컨대 국가나 봉건영주가 조정할 것이 아니라 자유롭게 농업 활동을 하게 하는 것이 좋다는 것이었습니다. 조금 뜻밖이라고 느끼는 사람들이 있을 것입니다. 현대의 농업은 그 반대이기 때문입니다. 오늘날의 농업은 무역자유화에 반대합니다. 오늘날의 농업인들은 자유로운 경제활동보다 정부의 보호 아래 농업을 육성하는 쪽을 선호합니다. 덧붙여 말한다면 '레세 페르laissez-faire(자유방임주의)'란 프랑스어로 자유롭게 활동하게 하라는 의미인데, 이 말이 농업 분야에서 나왔다는 것은 주목을 요합니다.

'행복론'으로 중농주의를 평가한다면 다음 두 가지를 지적할수 있습니다. 첫째, 중농주의는 독립 자영농민을 육성하려는 경제사상이거니와 그에 따라 농민들이 자주적·자립적으로 생산에 임할 경우 농업 생산이 증대할 것이고, 그 결과 농민들의 경제생활이 풍족해질 것이며, 따라서 그들의 생활에 대한 만족도가 높아집니다. 둘째, '레세 페르'로 달리다 보면 자유로운 경제활동이 격차를 가져오게 마련이어서, 행복한 농민과 불행한 농민들을 만들어낼 가능성이 내포되었었다고 하겠습니다.

스미스의 경제학

그다음으로 좁은 의미에서 고전파라 불리는 이론이 나왔습니다.

그 대표자가 애덤 스미스Adam Smith인데, 그의『국부론The Wealth of Nations』은 중상주의 비판을 염두에 두고 쓴 책으로서 중농주의의 영향을 받았습니다. 그리하여 경제활동을 자유롭게 방임하라고 하면서 정부가 경제활동에 간섭하지 말고('야경국가') 경제활동 참가자들이 자유롭게 경쟁하게 내버려두는 것이 가장 좋다는 주장으로 유명해졌습니다. 그러나 스미스는『국부론』에 앞서서『도덕감정론The Theory of Moral Sentiments』이라는 책을 낸 바 있는데, 이 책에서 스미스는 경제활동에 참가하는 사람들이 어떤 도덕관을 가졌는지가 대단히 중요하다고 기술합니다. 장기적으로 보아 거래가 잘 이루어지려면 상대방을 속이거나 악랄한 짓을 해서는 안 된다면서 공정한 거래가 시장경제가 성립하기 위한 조건이라고 했습니다. 경제학에 대한 스미스의 공헌은 첫째로 자유경쟁이 가장 좋다고 주장한 것, 둘째로 시장경제가 잘 기능하려면 시장 참가자들이 올바른 도덕관을 가져야 한다고 주장한 것이었습니다.

나아가 스미스는 분업의 장점을 주장했습니다. 한 사람이 이것저것 다 할 것이 아니라 각자 할 일을 특화하고 나중에 그것을 모으거나 교환하는 메커니즘으로 경제를 운영하는 쪽이 생산성 향상으로 연결된다는 것이었습니다.

이것은 자유로운 경제활동을 예찬하고 분업을 기본으로 삼는, 자본주의 사상의 오리지널한 사고방식에 해당합니다. 따라서 스미스는 '경제학의 아버지'라고 불릴 만큼 대단히 중요한 인물입니다.

스미스와 '행복'과의 관계를 말한다면, 재미있는 것은 자유로운 거래를 하다 보면 승자와 패자가 나오기 마련이지만 승자가 반드시 행복하다고 단정할 수 없다는 말을 스미스가 했다는 것입니다. 경제적으로 크게 성공했다 하더라도 그 사람이 반드시 행복하다고 단정할 수 없다는 발상이 스미스 시대에 있었다는 것은 인상적입니다. 스미스는 경제활동에서 나타나는 악행들을 배격했습니다만, 그런 짓을 하는 사람들이 있다는 것을 그도 알고 있었던 것입니다. 그와 반대로, 패자가 되고 가난해지더라도, 또는 돈을 그리 잘 벌지 못하더라도 자신의 마음을 평정하게 유지해 '나는 좋은 일을 했다', '그래서 행복하다'고 생각할 수 있다면 그것은 대단히 좋은 일이라고 스미스는 말했는데, 이것은 중요한 말입니다.

리카도

스미스 뒤에 등장한 것이 데이비드 리카도David Ricardo입니다. 그는 첫째, '노동가치설'을 주장한 것으로 유명합니다. 이 학설은 이미 스미스가 주장한 것입니다만 리카도가 그것을 발전시켜 고전파경제학의 기본 원리로 만들었습니다. 즉, 인간의 노동이 가치를 만든다고, 노동이 상품의 가치를 결정한다고, 노동을 본원적 생산요소로 이해한 것입니다. 그러한 사고방식은 고전파경제학의 분배 이론으로, 즉 '노동에 대해서는 임금을, 토지에 대해서는 지대를, 자본에 대해서는 이자를'이라는 명제로 연결됩니다. 둘째, 그는 능력 있는 사람 또는 자본력이 있는 사람이 임금이나 이자를 많이 받는다고 하는 '한계생산력설'을 주장했습니다. 그로부터 세 번째로, 어떤 사람이 높은 임금을 받고 어떤 사람이 낮은 임금을 감수하는가 하는 '노동분배론'을, 그리고 마지막으로는 국제무역이 왜 행해지는지를 설명한 '비교생산비설'을 주창했습니다. 특히 마지막의 '비교생산비설'은 현대에도 통하는 무역 이론의 기초로서, 자유무역을 주장한 사상입니다.

리카도와 '행복'에 관해 한마디 한다면, 고전파경제학의 숙명이라 해야 할까, 유능한 사람이나 비옥한 토지 또는 많은 자본을 가진 사람이 보상을 많이 받는다는 것입니다. 그렇다면 경제적으로 풍족한 사람과 빈핍한 사람의 차이가 출현하는 것은 피할 수 없는 일로 되고, 적어도 경제생활만으로 '행복'을 평가한다면 전자는 행복한 사람, 후자는 불행한 사람이 됩니다.

맬서스

그다음으로는 인구론으로 유명한 인물인 토머스 맬서스Thomas

Robert Malthus가 등장합니다. 그는 인간의 수는 등비급수적으로 증가하지만, 식량 생산은 그 정도로 증가시킬 수 없는 당시의 상황에 주목해 인구 억제책을 주장하는 동시에 무역에 대해서도 자유무역에 맡겨두면 식료품이 멋대로 수출입될 것이므로 식량무역을 제한해 본국 농업을 보호해야 한다고 주장했습니다. 그래서 영국에서 맬서스의 자유무역 배제론과 리카도의 자유무역론 간에 논쟁이 일어났습니다.

맬서스의 입장에서 '행복'을 평가한다면, 맬서스는 불행한 경제적 빈곤자들이 출현하는 이유의 하나로 그러한 사람들에게 자녀가 많다는 것에 주목해 산아제한을 권했습니다. 맬서스는 국민경제적 견지에서 산아제한이라는 인구 억제책을 주장한 것입니다만, 특히 빈곤으로 고통받는 가정에서 산아제한이 중요하다고 생각했습니다. 이것을 오늘날의 가족들에 맞추어본다면 자녀의 수가 적은 가정일수록 '행복'도가 높다는 사실과 합치되는바, 행복에 관해 옛날과 오늘날에 같은 주장이 있다는 것이 흥미를 끕니다.

정상형 경제학의 원류

자세한 것은 제6장에서 소개하겠습니다만, 고전파의 한 사람으로 존 스튜어트 밀John Stuart Mill이라는 유명한 경제학자에 대해서도 언급하지 않을 수 없습니다. 밀은 그때까지의 경제학의 흐름을 토대로 하면서 최초로 '정상형定常型 경제'라는 것을 주장했습니다.

2. 신고전파의 등장

효용 이론

스미스 등의 고전파 시대가 지나고 1870년대에 오스트리아의 카를 멩거Carl Menger, 프랑스의 레옹 발라스Léon Walras, 영국의 윌리엄 스탠리 제번스William Stanley Jevons라는 세 경제학자가 거의 동시에 '한계혁명'이라는 것을 주장했습니다.

한계혁명파들은 먼저 소비를 생각합니다. 미리 주어진 소득 가운데 어떤 상품들을 얼마만큼 소비하는 것이 자신에게 가장 효용(=만족)이 높은지를 생각하는 것이 효용 함수입니다. '효용'을 '행복도'로 치환해도 되는데, 이 시대에 와서 경제학이 본격적으로 '행복'을 생각하기 시작했다고 말해도 과언이 아닙니다. 소비함수의 효용 최대화가 소비 이론의 기본 원칙이 되었고, 만족 극대화가 경제학의 목표가 되었습니다. 효용 최대화에도 몇 가지 종류가 있었습니다.

첫째, 어느 한 시점을 생각해봅시다. 이때 10만 엔의 소득을 가지는 사람이 어느 재화에 얼마만큼의 돈을 쓸 것인지를 결정하는 것이 과제입니다. 답은, 그 재화를 소비할 때 자신이 가장 높은 효용(만족 또는 행복)을 얻을 수 있는 그런 재화들이 될 것입니다. 10만 엔의 소득 제한 아래에서 X_1재, X_2재······X_n재를 어떻게 조합하면 효용 U가 최대가 될 것인지 생각할 때, $\partial U / \partial X_i$, 즉 X_i의 재를 1재 증가시키면 효용이 얼마만큼 증가하는지 ─ 수학에서는 이를 편미분이라 합니다 ─ 를 계산합니다. 이것을 경제학에서는 한계효용이라고 말합니다.

수학상의 이 편미분과 한계효용의 개념이 일치해 이때부터 경제학에서 수학을 사용하기 시작하는데, 이것을 사람들은 '한계혁명'이라고 불렀습니다.

둘째, 이시점異時點에서 소비를 결정하는 문제가 있습니다. 인간은 태어나서부터 죽을 때까지 수십 년 동안 자신의 생애에서 최대의 만족(효용)을 얻고자 예를 들어 재작년, 작년, 올해, 내년, 내후년의 각 연도에 얼마만큼 소비하면 좋은지를 결정합니다. 이것이 이시점의 소비 결정입니다. 예를 들어 한 사람에게 1억 엔의 생애 소득이 있다고 합시다. 그 사람은 20세 때, 21세 때, 50세 때, 60세 때, 70세 때 각각 얼마만큼이나 소비할까? 다시 말해 U_i를 제i기의 효용이라 할 때 $\sum_{i=1}^{n} U_i$가 $U(U_1, U_2 \cdots\cdots U_n)$의 최대화를 도모하는 문제입니다. 여기서 n이란 사망할 때까지의 햇수입니다.

이런 것을 생각해 소비하는 사람은 아마 없을 것입니다만, 경제학은 적어도 머릿속에서 또는 이론상으로는 그런 사고를 합니다. 내가 20세에 돈을 벌기 시작해 70세까지 산다고 생각하고, 먼저 지금부터 70세까지 해마다 대략 얼마만큼의 소득을 얻을 것인지를 예측합니다. 이것을 기대 생애 소득이라 합니다. 이어서 20세 때 이만큼, 21세 때 이만큼……70세 때 이만큼 소비하기로 20세 때 미리 결정한다는 것이 바로 이시점의 소비 결정입니다. 다시 말해 한 생애에 걸친 소비에서 얻을 수 있는 생애 효용의 최대화를 인생을 시작하는 시점에서 결정하는 것입니다.

이상을 요약하면, 하나는 어느 일정한 시기에 어떤 소비재 조합을 택할 때 행복한지를, 또 하나는 자신의 일생에 걸친 소비를 어떠한 흐름으로 하는 것이 가장 행복한지를 찾는 것입니다.

다만 여기에는 여러 문제가 있습니다. 예를 들면 인간은 언제 죽을지 알 수 없습니다. 그러나 불확실성 또는 확률의 개념을 이론상으로 도입한다면 장차 나는 몇 세에 몇 %의 확률로 죽을 것인지 예측할 수 있습니다. 이것은 어디까지나 공상의 이야기입니다만, 경제학은 불확실성에 관해 그런 방식으로 사고합니다.

셋째, 지금까지의 소비에 관한 이야기에서는 소득이 어디에서 왔는지를 생각하지 않았습니다. 인간은 일해서 돈을 법니다. 이때 저축은 생각하지 않기로, 다시 말해 번 돈 전액을 소비한다

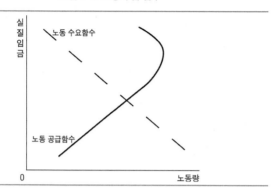

〈그림 5-1〉 노동 수급 함수

실질임금

노동 수요함수

노동 공급함수

0   노동량

고 합시다. 여기서부터가 경제학입니다. 인간의 소비, 즉 소득이 늘어나면 경제학에서는 그 사람의 만족도, 즉 효용이 높아진다고 생각합니다. 그러나 예를 들어 사과를 많이 먹으면 효용=만족도가 올라가지만 반대로 일을 하면 고통을 느낍니다. 그리하여 일하는 시간이 늘어나면 고통이 커지고 효용은 감소한다고 생각합니다.

인간은 얼마만큼 일하고 얼마만큼 소비할까를 결정하며 산다는 것이 셋째의 사고방식입니다. 세로축을 실질임금, 가로축을 노동의 양이라고 합시다. 노동 공급함수는 우상향입니다. 반대로 기업이 얼마만큼의 인원을 고용하는지를 생각할 때, 기업 측에서 본다면 임금이 높으면 고용을 많이 하지 않을 것이므로 임금이 올라가면 노동에 대한 수요가 감소할 것인 만큼 그러한 노동 수요함수는 우하향이 될 것입니다(〈그림 5-1〉).

그러나 경제학은 그것으로 끝나지 않습니다. 노동과 소비 또는 저축의 결정에는 후방굴절 곡선backward bending curve이라는 것이 있어, 인간은 어느 정도 높은 소득이 존재한다면 노동 공급을 감소시키는 행동으로 나올 가능성이 있는 것으로 생각합니다. 임금을 높인다면 노동을 한없이 공급하겠다는 사람도 있을 것이나 적어도 경제학에서는 그렇지 않은 사람들도 있다는 것을 상정합니다.

사회 전체의 효용

지금까지는 개개인이 자신의 효용=만족을 얻고자 무엇을 얼마만큼 소비하면 좋겠는지, 얼마만큼 일하면 좋겠는지, 얼마만큼의 소득이 있다면 좋겠는지를 결정하는 것에 관해 이야기했습니다만, 다음 단계로 정부가 국민 전체의 행복 또는 만족도를 최대화하는 것에 대해 생각해보겠습니다. 이것을 나타낸 것이 넷째, 사회적 효용 함수라는 것입니다.

사회적 효용 함수를 설명하고자 우선 일본인이 1억 3000만 명이라고 하겠습니다. 사회적 효용 함수 U는 그 사회에 사는 사람들 각자의 효용, 만족에 의존할 것입니다. 그리고 그것을 최대화한다는 것은 곧 일본인 전체가 만족한다는 것입니다. 그런데 사회 전체의 효용 또는 행복을 최대화하는 것이 정부의 역할이라고 보는 견해가 당연히 존재합니다. 그것이 곧 후생경제학입니다. 이때 국민 전체의 만족도 또는 행복을 최대화하는 것에 대해서는 대표적인 사고방식이 두 가지 있습니다.

하나는 공리주의를 주장한, 영국의 제러미 벤담Jeremy Bentham이라는 학자의 사고방식입니다. 벤담은 '최대 다수의 최대 행복'이라는 개념을 내놓았습니다. 즉, 어느 사회에 존재하는 사람들 가운데 '내가 가장 행복하다'고 생각하는 사람의 수를 될 수 있는 한 많게 하는 것이 그 사회에 가장 바람직하다고 벤담은 생각했습니다.

이 벤담류의 사회적 효용 함수 U에서는 — 다음에 소개하는 존 롤스John Rawls의 사회적 후생 함수 또는 격차 원리와 달리 — 국민이 n명이라고 할 때 개인 1에서 개인 n까지 한 사람 한 사람의 만족도, 효용을 단순 합산합니다. 다시 말해 그들은 $\sum_{i=1}^{n} U_i$, 즉 $(U_1+U_2+U_3+\cdots\cdots U_n)$으로 단순 합산한 사회적 효용 함수를 최대화하면 된다고 생각합니다.

무엇보다 중요한 것은, 벤담은 사람들을 구별하지 않았다는 점입니다. 벤담은 첫 번째 사람, 두 번째 사람, 세 번째 사람…… 몇 번째 사람의 효용, 만족, 행복도들을 동등하게 평가했습니다. 어떤 사람은 가난할지 모르고, 어떤 사람은 중간 소득일지 모르며, 어떤 사람은 고소득자일지 모르지만, 그 모든 개인의 효용이나 만족도를 동등하다고 평가한 것입니다. 이것이 이른바 공리주의파 벤담의 사고방식입니다. 바꾸어 말하면 사람에 따라 가중치를 두지 않는 것입니다.

한편 롤스는 20세기 최대의 철학자라 불리는 사람인데, 벤담과는 달리 사람들을 평등하게 평가하지 않았습니다. 그는 세상에서 가장 혜택받지 못한 사람에게 최대 가중치를 부여합니다. 즉, 사회에서 가장 혜택받지 못한 사람을 가장 중시해, 그런 사람들의 효용 또는 만족도를 올려야 한다는 것이 롤스의 격차 원리입니다.

그런 사고방식을 더욱 발전시킨다면, 사회 전체 구성원을 가장 혜택받지 못한 사람부터 일렬로 세우되 가장 혜택받지 못한 사람에게 가장 큰 가중치를 부여하고, 두 번째로 혜택받지 못한 사람에게 두 번째로 큰 가중치를 부여하며, 가장 많은 혜택을 받은 사람에게는 가장 작은 가중치를 부여하는 사고방식도 가능할 것입니다.

전자인 벤담류의 단순 합산, 즉 한 사람 한 사람을 평등하게 평가하는 방식과 후자, 즉 혜택받지 못한 사람들에게 좀 더 큰 가중치를 부여해 그런 사람들이 가장 좋은 상황에 놓이게 하는 정책들을 생각해야 한다는 롤스류의 사회적 후생 함수 또는 격차 원리는 사회적 효용 함수의 양 극단에 있는 사고방식입니다. 어느 쪽이 바람직한지, 어느 쪽이 더 좋은지를 말할 수는 없습니다. 각 개인의 주관적 판단에 맡길 일이라 생각합니다.

효용 이론에 대한 의문

마지막으로 효용 이론에 대한 의문점들을 소개하겠습니다. 첫째, 경제학에서는 '행복'에 대해 생각할 때에 효용 → 만족 → 행복의 순서로 생각해왔습니다만, 이 효용을 실제로 계측할 수 있는지 없는지가 당연히 문제가 됩니다. 사과를 두 개 먹을 때와 세 개 먹을 때로 말하면 직감적으로는 세 개 쪽의 효용이 더 큽니다. 그런데 문제는 마음의 만족도를 어떻게 측정할 것이냐입니다. 여기에도 기수적基數的 효용과 서수적序數的 효용의 두 가지 사고방식이 있습니다. 기수적 효용에서는 1, 2, 3, 4, 5, 6처럼 단순 합계를 할 수 있다는 사고방식을 따릅니다. 서수적 효용에서는 두 가지 재화의 조합을 생각할 때, 즉 사과 세 개, 귤 두 개라는 조합과 사과 두 개, 귤 세 개라는 조합 가운데 어느 쪽의 효용 또는 만족도가 높으냐 하는 것만큼은 결정할 수 있다고 생각합니다. 경제학에서는 후자의 서수적 효용, 즉 사람들이 직감적으로 어느 쪽의 조합을 원하는가 하는 것만큼은 결정할 수 있다는 사고방식에서 출발합니다. 다만 효용이라는 것이 기본적으로 계측할 수 없지 않은가 하는 의문은 여전히 남는다는 경제학자들도 있습니다.

둘째, 소비를 최대화하는 것이 정말 사람들의 효용을 높이는가, 행복도를 높이는가 하는 의문이 있습니다. 소비재보다 더 큰 만족을 느끼는 것이 인간에게는 대단히 많지 않은가 하는 것입니다. 예를 들어 소득, 소비, 노동뿐만 아니라 연애를 통한 만족이나 자녀의 출생에 따른 기쁨, 시험에 만점을 받았을 때나 아름다운 그림을 보았을 때 등 심리적 행복들에 대해 경제학은 답을 주지 못하지 않느냐, 그러나 그러한 행복들도 인간에게는 중요한 것이 아니냐 하는 질문입니다.

셋째, 경제학에서는 노동을 고통이라고 썼습니다만, 노동을 좋아하고 그것에 만족하는 사람들도 있는 것 아닌가 하는 의문이 당연히 나옵니다. 일하는 것이 즐겁고 행복하다는 사람들은 반드시 있습니다. 다만 경제학은 다행인지 불행인지, 노동은 고통이라고 생각하고 이론화해왔습니다.

일반균형이론의 등장

앞에서 한계혁명을 이야기할 때 언급한 발라스가 기여한 것이 큽니다. 그는 많은 재화가 있고 많은 노동자가 있는 가운데 경제가 자유롭게 돌아가는 것을 보장한다면 물가가 어느 한 점에 수렴해 안정화한다는, 이른바 일반균형이론을 만들었습니다. 이 일반균형이론은 각 재화의 가격과 수량에 관한 방정식 체계를 세워 그 수요와 공급을 일치시키는 방법을 제공해주는 것으로서, 오늘날 우리가 보는 수리경제학의 근원에 해당합니다.

이 일반균형이론을 발전시킨 수리경제학 분야에서는 일본의 경제학자들 ― 오사카 대학의 모리시마 미치오森嶋通夫(훗날 런던 정치경제대학교로 옮김)나 시카고 대학교의 우자와 히로후미宇沢弘文(훗날 도쿄 대학으로 옮김) 같은 사람들 ― 이 세계적인 업적을 쌓았습니다.

파레토 최적

이 일반균형이론이 발전하는 과정에서 파레토 최적最適이라는 개념이 등장합니다. 빌프레도 파레토Vilfredo Pareto는 이탈리아의 사회학자이자 경제학자입니다. 파레토 최적이란 경제를 자유경쟁에 맡겨놓으면 경제가 어느 한 점에 수렴하는데, 그 수렴 상태가 경제에 최적인 상태, 즉 노동, 자본, 기타 여러 재화가 최적으로 유효하게 사용되는 상태 ― 쉽게 말해 경제가 아주 잘 돌아가는 상태라는 것입니다. 애덤 스미스에서 시작된 이른바 자유주의경제나 오스트리아학파가 이야기한 자유방임주의 또는 오늘날 이야기하는 시장 원리가 경제를 평가하는 데 가장 좋은 것이라는 이야기로, 여기서 신고전파新古典派경제학이 일종의 완성 단계에 들어갔다고 할 수 있습니다.

마셜

19세기에서 20세기에 걸친 시기의 경제학자 중에 영국의 앨프리드 마셜Alfred Marshall이 있습니다. 발라스는 세상에 수많은 재화와 생산요소가 있고 그것들이 모두 균형을 형성하는 한 점이 있다는 일반균형이론을 제창했습니다만, 마셜은 이 세상에 재화는 두 개밖에 없다는 전제 아래 균형을 생각하는 부분균형이론을 제시했습니다. 발라스류의 N재財, M 생산요소로 이루어진 일반균형이론과 마셜의 2재財로만 구성된 부분균형이론은 경제학의 분석 방법에서 서로 다릅니다. 일반균형이론에서는 재財·요소가 대량으로 존재하는 세계이므로 수학이 전면에 대두하는 바, 오늘날로 말하면 컴퓨터로 해득하려는 것에 해당합니다. 그에 비해 부분균형이론에서는 두 가지 재화만을 생각하므로 그래프화하기가 쉬워서 대단히 이해하기 쉽습니다.

그러나 여기서 마셜을 거론한 것은 그가 말한 '냉철한 머리와 따뜻한 가슴cool head, but warm heart'을 소개하고 싶어서입니다. 즉, 경제학의 세계에서는 논리에 따라 합리적으로 분석하고 그 결과로 나온 것을 중시할 것입니다. 그러나 현실의 경제정책을 생각할 때에는 따뜻한 가슴으로 제안해야 한다는 것이 그의 사상입니다. 저는 이 말을 즐겨 씁니다.

피구

이 마셜의 제자 가운데 아서 세실 피구Arthur Cecil Pigou라는 사람이 있습니다. 피구는 경제가 잘 돌아가는지 아닌지는 이른바 후생厚生, welfare이라는 개념으로 평가해야 한다고 생각했습니다. 한계혁명 이후 경제학의 주류는 효용을 최대화하는 것이 제일 좋다고 생각해왔는데, 피구는 그것을 후생이라는 개념으로 이해한 것입니다. 일본에서는 이를 후생경제학이라고 부릅니다. 이 후생경제학의 체계화에 기여한 것이 피구입니다. 그것은 재화의 소비를 통해 자신의 만족을 최대화한다는 사고방식을 나라 전체로 확장한 것이라고도 할 수 있습니다. 후생경제학은 한 사람 한 사람의 만족을 보태어 그 나라 전체의 후생을 최대화하는 것을 경제정책의 기본으로 삼습니다. 그것은 앞에서 기술한 사회적 효용 함수를 사회적 후생 함수로 확대한 것이라 할 수 있습니다.

사회적 후생 함수, 즉 나라의 경제적 후생을 최대화하는 것은 경제 효율을 높이는 것으로 연결됩니다. 그러나 사회를 구성하는 한 사람 한 사람의 소득분배 상태에 대해서는 아무 말도 하지 않으므로 모종의 기준을 설정해 소득분배를 평가할 필요가 있습니다. 쉽게 말하자면 사회의 파이를 최대화하는 것과 소득분배의 평등화를 위한 정책들을 생각하는 것이 후생경제학입니다.

경제 효율성의 최대화와 소득분배의 평등성은 서로 양립할 수 없는 것으로 알려졌습니다만, 보상 원리에 따라 소득이 높은 사람들에게서 낮은 사람들에게 재분배할 수도 있다는, 새로운 후생경제학적 사고방식도 있는 것입니다.

3. 사회주의경제학

공상적 사회주의

조금 시간을 돌려보겠는데요, 애덤 스미스, 오스트리아학파 등 고전파경제학이 정점에 달한 후 사회주의경제학이라는 것이 대두했습니다. 당시는 산업혁명이 진행되고 생산력이 높아지면서 영국의 국부가 대단히 커졌었는데, 대단히 열악한 노동조건 아래 일하면서 저임금으로 신음하는 노동자들을 어떻게 생각해야 할 것인지와 씨름한 것이 사회주의경제학이었습니다. 사회주의 경제사상은 노동이야말로 가치 창조의 원점이라는 리카도의 노동가치설을 발전시킨 것입니다. 우선 영국의 로버트 오언Robert Owen이나 프랑스의 앙리 드 생시몽Henri de Saint-Simon, 샤를 푸리에Charles Fourier, 피에르조제프 프루동Pierre-Joseph Proudhon 같은 사람들이 제창한 이른바 공상적 사회주의가 있습니다. 인간은 모두 평등하다, 정의가 중요하다, 노동자들이 자본에 의해 착취당하는 일이 있어서는 안 된다 ― 그들은 이렇게 주장했습니다.

공상적 사회주의를 '행복'의 관점에서 평가한다면 다음 두 가지를 짚을 수 있습니다. 첫째, 자본가나 토지 보유자와 비교해 불리한 처지에 있는 농민과 노동자들의 생활고를 완화하기 위한 사회·경제 제도를 모색한 그들은 사람이 '행복'하려면 될 수 있는 한 평등성이 높은 것 또는 큰 격차가 없는 것이 바람직하다고 생각했습니다. 둘째, 공상적 사회주의는 협동조합주의를 이상으로 하는 경우가 많아서 농민이나 상공업자들의 이익을 최대화하고자 그들 상호 간의 유대나 공동체 의식을 중요시했습니다. 오늘날의 표현을 빌리면 강한 유대를 통해 직업적으로 그리고 지역적으로 하나가 되는 데에서 사람들의 '행복'이 커진다고 그들은 생각했습니다.

그러나 그러한 철학이나 사상 아래 공상적으로 평등을 일러 말해보았자 쓸데없다고 선언한 것이 밀, 카를 마르크스Karl Marx, 프리드리히 엥겔스Friedrich Engels, 블라디미르 레닌Vladimir Lenin이었습니다. 밀은 기본적으로 신고전파의 사고방식을 답습해 자유주의경제의 근본인 사유재산제나 자유방임주의를 긍정한 사람이지만 그로 말미암은 폐해(예를 들어 생활고를 겪는 노동자들, 대토지소유자에게 착취당하는 농민들 같은 약한 처지에 있는 사람들의 존재)도 생각해야 한다고 주장했습니다. 그는 그러한 폐해를 만들어내는 최대 요인이 토지나 자본을 시민들이 모두 사유하는

데 있다고 하면서, 어느 정도 국가가 국유화해 조정할 수 있는 제도를 택해야 한다고 주장했습니다. 여기에 사회주의의 맹아가 있었습니다. 밀을 과학적 사회주의의 선구자라 하는 이유가 여기에 있습니다.

과학적 사회주의

공상적 사회주의는 구체적인 경제 분석을 거의 하지 않았습니다만, 마르크스와 엥겔스는 노동자들이 자본가에게 착취당한다는 것을 경제학 이론을 사용해 과학적으로 증명하려 했습니다.

마르크스가 저술했고 엥겔스가 편찬한 『자본론*Das Kapital: Kritik der politischen Ökonomie*』은 경제학 이론서라 할 수 있습니다만, 그 후 '정치'가 등장했습니다. 마르크스와 엥겔스가 저술한, "만국의 노동자여, 단결하라!"라는 구절로 유명한 『공산당 선언*Manifest der Kommunistischen Partei*』에서는 재산의 사적 소유에 대한 제한과 토지나 자본의 국유화를 주장했고, 나아가 레닌은 자본주의를 폭력혁명으로 타도하고 사회주의로 나아가야 한다고 주장했습니다. 이것이 마르크스, 엥겔스, 레닌으로 대표되는 사회주의 또는 공산주의의 정치·경제사상이었고, 이것이 소련, 동유럽, 중국, 쿠바, 베트남 등 많은 나라에서 국가 사상으로 채택되었습니다. 그러나 주지하다시피 1980년대 말에서 1990년대에 걸쳐 동유럽 혁명이 일어났고 소련이 붕괴했습니다. 그렇기는 하나 그것은 적어도 19세기 후반부터 20세기에는 대단히 중요한 철학, 경제학, 정치사상이었습니다.

마르크스주의를 '행복'의 관점에서 평가한다면 다음 두 가지를 짚을 수 있습니다. 첫째, 공상적 사회주의와 마찬가지로 그것은 사람들 사이에 경제생활의 격차가 없는 사회를 생각했습니다. 둘째, 마르크스는 노동, 특히 단순 작업의 고통스러운 노동은 인간성을 상실하게 할 정도의 소외감을 가져온다며, 그러한 노동은 '불행'한 것이라고 강조했습니다. 현대적으로 말한다면, 노동만 하는 생활로는 인간이 '행복'할 수 없다는 것이었습니다.

4. 현대 경제학

케인스 경제학

앞에서 언급한 마셜의 제자 중에 존 메이너드 케인스John Maynard Keynes라는 유명한 사람이 있습니다. 케인스는 대단히 다재다능한 사람이었습니다. 경제학 외에 주식 투자로 돈을 벌기도 하고 보험회사를 경영하기도 했으며, 러시아의 발레리나와 결혼하는가 하면 국제금융의 교섭장에서 활약하기도 하는 등 팔방미인적

초천재超天才였습니다. 신고전파경제학은 시장에 자유방임해 경제를 운영하는 것이 가장 좋다고 주장했던 데 반해 케인스는 불경기에는 정부가 나서서 재정금융정책을 펼쳐야 한다고 주장해서, 정부의 역할을 대단히 중시했습니다. 케인스가 특히 비판의 표적으로 삼은 것은 앞에서 소개한 피구의 고전파적 실업 이론이었습니다.

제2차 세계대전 후의 경제학은 케인스가 1936년에 발표한 저서『고용·이자 및 화폐의 일반 이론 The General Theory of Employment, Interest and Money』을 통해 케인스 경제학이 그 중심을 형성했습니다. 그러나 케인스 경제학은 1970년대의 오일쇼크로 비롯된 불황과 실업(당시의 말로 '스태그플레이션stagflation')에 대해 적절한 정책을 제시할 수 없었습니다.

혼돈에 빠진 경제학

그래서 케인스 경제학을 대신해 신고전파경제학이 복권되었습니다. 그러나 시장주의가 철저히 관철됨으로써 격차 문제 등이 발생하자 신고전파경제학 또는 시장원리주의만으로는 안 되겠다는 반성이 일어났고, 그 결과 케인스 경제학이 약간 복권되고 또 마르크스경제학에 대한 재조명도 일어났습니다. 오늘의 경제학은 혼돈 상황에 있다고 하겠습니다. 이 시대는 우리 같은 평범

한 경제학자는 풀 수 없는 대단히 복잡한 문제들을 제출해서, 어떤 의미에서 케인스나 마르크스 같은 천재를 기다리는지도 모르겠습니다.

또 하나의 새로운 논점은, 지금까지의 경제학들은 사람들의 경제생활을 어떻게 하면 풍족하게 할 수 있는지에 최대 관심을 기울여왔는데, 지금은 몇 가지 논점을 동시에 해결해야 하는 시대가 되었다는 것입니다. 예를 들면 환경문제의 등장, 격차 문제에 대한 대처 등이 있습니다. 더 나아가 인간의 행복을 생각할 때 그것은 이제 경제생활의 풍족함만으로 가능한 것이 아니라고 많은 사람이 느낀다는 것도, 전통적인 경제학만으로는 안 되고 새로운 경제학이 필요하다고 말하는 것입니다.

제6장

정상 경제 시대의 사고방식

지금까지 우리는 여러 외국과 일본에서 '행복'을 어떻게 이해해왔는지, 그리고 '경세제민(經世濟民)'의 학문이라는 경제학에서는 '행복'을 어떻게 파악해왔는지 살펴보았습니다.

그러면 1990년대 이후 '잃어버린 20년'을 거친, 그리고 저출산·고령화와 인구 감소에 들어간, 게다가 환경문제까지 심각해진 일본에 요구되는 경제학은 어떤 것일까요? 이것을 생각하는 것이 이번 장의 과제입니다. 그리고 마지막으로 인간의 일하는 방식과 노는 방식에 대해서도 생각해보겠습니다.

1. 정상형 경제의 양상

존 스튜어트 밀의 경제학

제5장에서 정상 사회定常社會 경제학의 태두로서 존 스튜어트 밀을 소개한 바 있습니다. 조금 되풀이하는 것입니다만, 고전파경제학에서도 생산요소인 토지나 철광석·석탄 같은 자원은 유한하므로 장차 자원의 심각한 제약을 겪을 것으로 예상했습니다. 자원을 대량 소비하는 경제가 언제까지나 계속될 수는 없으므로 필경 이윤율이 저하하고 버는 돈이 적어져 자본 축적이 중단되는 시대가 올 것이다, 제로 성장의 시대가 올 것이다라고 예상했습니다. 이것이 정상 상태定常狀態입니다. 밀은 저서 『정치경제학원리: 사회철학에 대한 응용을 포함하여Principles of Political Economy: with some of their applications to social philosophy』에서 제로 성장이어도 괜찮다, 경제적 풍족은 이 정도로 족하지 않은가, 인간이라면 일만 할 것이 아니라 즐겁게 사는 것도 좋은 것 아니냐고 썼습니다. 그는 인구와 자본이 일정한 가운데 환경의 중대한 악화를 초래하지 않으면서 교육, 예술, 종교, 기초과학 연구, 운동경기, 사회적 교류 같은 활동에 종사함으로써 인간은 행복해질 수 있다고 생각했습니다. 오늘날의 표현을 빌리면 교육과 여가의 충실을 주장했다고 생각합니다.

앨프리드 마셜의 생산성 향상

그러나 성장률이 제로가 되면 곤란하다는 주장도 당연히 있어, 교육 수준을 높여 노동생산성을 향상해야 한다는, 또는 기술 진보로 생산성을 향상해 자원의 제약을 돌파해야 한다는 이야기들이 있습니다. 예를 들어 제5장에서 언급한 앨프리드 마셜 같은 사람의 주장이 그러했습니다.

마셜은 국민 전체에 독서 능력과 계산 능력을 부여하면 그들은 반드시 유능한 노동자가 될 것이니 교육을 의무화해야 한다고 주장했습니다. 당시의 영국이 아직 의무교육의 단계는 아니었던 것을 생각할 때 획기적인 주장이었습니다. 그는 또 기술을 진보시키고자 고등교육 또는 직업훈련을 확충해야 한다고도 주장했습니다. 학교교육이나 직업교육을 충실화하면 국민의 노동생산성이 높아질 것이고 그렇게 되면 경제성장률이 낮아지는 것을 어느 정도 저지할 수 있다고 그는 생각했는데, 오늘날의 선진국이나 성숙 경제들도 이것을 중시합니다. 사실 일본도 경제를 활성화하고 싶다면 기술 진보율과 노동생산성을 높일 필요가 있는데, 이를 위해서는 교육과 기술 수준을 높이는 방책이 유효하다고 저는 봅니다.

케인스 이후의 성장 이론

앞에서 이야기한 대로 불황의 경제학인 케인스 경제학 이후, 특히 제2차 세계대전 후 세계경제가 부흥해 번영을 구가하던 시기에, 그에 맞추어 경제성장론이 경제학의 중요한 연구 분야로 부상했습니다. 전쟁 전에는 포스트 케인시언으로서 해러드-도마 모델Harrod-Domar model의 경제성장론이 있었습니다. 그 성장론은 전쟁 후에 본격적으로 연구되었는데, 그 결과 로버트 솔로Robert Solow로 대표되는 신고전파 성장 이론이 등장했습니다. 원래 솔로 모델은 1부문 경제학이었으나 이내 2부문(즉, 소비재 부분과 자본재 부문) 경제학으로 발전했고 마지막에는 다부문 경제학으로까지 확장되어 급기야 (경제성장론이) 완성의 경지에 도달했습니다. 전쟁 후를 대표하는 경제학의 주류들은 그 어느 것이나 경제성장을 중시했는데, 이번 장에서 이야기하는 정상형 경제학과는 대조를 이룹니다.

정상형 경제학에서는 제로 성장률도 괜찮다고 주장하는 데 비해 성장형 경제학에서는 플러스의 성장률을 전제로 하는 만큼 양자가 서로를 용납하지 않는 경제사상인 것은 확실합니다. 그러나 성장형 경제학에서도 인구나 자본이 언제까지나 성장할 수는 없다는 정상형 경제학의 사고방식에 공명하는 일파가 있었습니다. 가령 폴 로머Paul Romer는 1980년대부터 1990년대에 걸쳐

'내생적 성장 모형'을 제시해, 인구나 자본에 기댈 것이 아니라 기술 진보에 기대해야 한다고 주장했다는 것을 덧붙여 적어두겠습니다. 로머의 이론은, 기술 진보를 위해서는 교육이 필요하다고 한 마셜의 경제사상을 현대풍으로 개작한 것으로 이해해도 될 것입니다.

현대 일본 경제에 초점을 맞추어 본다면 일본은 지금 밀이 주장한 정상형 경제 또는 제로 성장의 세계로 들어가고 있습니다. 구체적으로 보면 인구 증가율이 마이너스에 저축률이 저하되고 있어 앞으로는 고도성장기와 같은 플러스의 성장률을 기대할 수 없습니다. 인구와 자본의 제약을 일본인들 스스로 선택한 것이고, 일본인들 스스로 정상 상태를 선택한 것입니다. 만약 플러스의 성장률을 원한다면 출생률을 증가시키거나 자본을 증강하고자 노력하는 수밖에 없습니다. 아니면 마셜이나 로머가 말한 대로 기술 진보율을 상당 정도 높이는 수밖에는 없습니다. 그러나 이것들은 웬만한 정책으로는 달성하기 어렵습니다.

환경상의 제약

정상형 경제학을 강력하게 추진하는 사람들은 우리 인류가 전 세계에 걸쳐 환경상의 커다란 제약에 봉착했다는 것을 인정한 사람들입니다. 1972년에 유명한 '로마클럽'이 '성장의 한계'를 주장했는데, 그들은 경제활동의 활성화가 환경을 악화한다고 경고하면서 자원상의 제약을 고려한다면 높은 성장률을 원해서는 안 된다고 주장했습니다. 그 후 환경문제는 더욱 심각해졌고 그것은 환경경제학의 발전을 가져왔습니다. 환경문제 전문가들은 흔히 정상형 경제라는 말보다 지속 가능한 경제라는 말을 쓰는데, 양자 간에 내용 차이는 별로 없습니다.

환경에 나쁜 폐기물들을 배출할 경우 물이나 공기가 오염되고 기후 온난화를 초래하므로 인간 사회에 악영향을 주는 것은 틀림없어, 이 문제에 어떻게 대처하면 좋은지를 놓고 다양한 주장이 제출되었습니다. 최초의 제안은 이미 소개한 아서 세실 피구의 '피구세稅'였습니다. 이는 기업이 생산과정에서 오염물 등을 배출해 '외부 불경제'를 불러일으킨다면 기업에 과세하거나 정부가 보조금을 주거나 해서 그 배출을 억제해야 한다는 것입니다. 현재 여러 나라에서 탄소세를 부과하는데, 이것은 피구세를 실천한 것이라 하겠습니다.

환경경제학의 기본 교과서가 된, 허먼 데일리Herman Daly의 『지속 가능한 발전의 경제학Beyond Growth: The Economics of Sustainable Development』에 나온 세 가지 원리를 소개해, 어떻게 해야 지속 가능한 경제를 온전하게 잘 지켜 지탱해나갈 수 있는지를 설명하겠습니다.

첫째, 토양·물·바람·삼림 등 재생할 수 있는 자원에 대해서는 그 이용 속도가 재생 속도를 초과해서는 안 된다.

둘째, 석탄·석유 등의 화석연료, 양질의 광석 등 재생할 수 없는 자원들의 이용 속도는, 재생할 수 있는 자원들을 지속 가능한 페이스pace로 이용하는 것으로 대체할 수 있는 정도를 웃돌아서는 안 된다.

셋째, 오염 물질의 지속 가능한 배출 속도는, 환경이 그러한 물질들을 순환 또는 흡수함으로써 무해화無害化할 수 있는 속도를 초과해서는 안 된다.

일본은 2011년 3월 11일에 도쿄전력 후쿠시마 제1원자력발전소 사고를 겪었습니다. 일본이 원자력발전소를 사용하기로 한 이유 중 하나로 이산화탄소(CO_2)를 배출하지 않아 환경에 좋다는 점이 있었습니다. 그런데 앞의 초대형 사고 이후 많은 원자력발전소가 가동 중지 상태에 있습니다. 원자력발전소를 다시 가동할 것이냐는 중대한 문제입니다. 현재로서는 석탄·석유 등 재생할 수 없는 자원들을 이용해 부족 전력을 메우는 형편인데, 사람들은 환경에 관한 걱정보다는 석유 사용에 따른 전력 요금 인상을 화제로 삼아 저로서는 안타깝습니다.

전력 이용량을 삭감하는 정책은 별로 논의되지 않는데, 이것도 이상한 일입니다. 절전 정책은 경제활동의 저하를 가져올 수 있고 또 사람들의 생활을 다소 불편하게 할 수 있습니다. 그런 것들을 회피하고자 전력 이용량의 삭감책을 논의하지 않는 것인지도 모르겠습니다. 경제성장이 제일이라는 사고방식이 아직도 일본에 뿌리 깊다는 것을, 후쿠시마 원자력발전소 사고 이후 일본 사회의 움직임에서도 저는 확인할 수 있었습니다.

정상형 사회

정상형 사회 또는 제로 성장 경제는 주로 한 나라의 경제를 염두에 둔 개념입니다만, 시야를 좀 더 확대해 사회 전체가 정상형인 그러한 사회를 생각하는 일파도 있습니다. 그것은 정상형 경제 촉진의 원인이 된 환경문제와 요즈음 여러 선진국에서 논의되는 복지 문제를 융합하려는 시도입니다. 저출산·고령화가 진행되는 가운데 연금, 의료, 요양 보호 등의 복지 또는 사회보장 문제는 사람들 사이에 더욱 절실한 문제가 되었습니다. 그런데 유럽에서는 복지국가가 정착했으나 일본에서는 아직 복지국가로 향하는 길을 간다는 결단을 못 내린 상태라는 것은 이미 말씀드린 대로입니다.

그러나 심각해진 환경문제와 사회보장 문제를 융합하려는 주장이 있습니다. 히로이 요시노리(廣井良典, 2001, 2009)는 그것을 '정상형 사회'로 명명했습니다. 예를 들어 네덜란드와 독일에서는 이산화탄소 삭감을 목표로 거둔 탄소세(또는 환경세) 수입을 사회보장을 확충하는 데 사용하는데, 이것을 융합의 대표 사례로 간주할 수 있습니다. 구체적으로는, 환경세 수입을 기업의 사회보험료 부담을 삭감하는 데 사용하는 것입니다. 환경과 복지라는 언뜻 보기에 서로 다른 분야를 융합해 사고하는 정책이니 참신하다는 느낌이 듭니다만, 환경세 수입이 그다지 많은 금액이 아니어서 복지 향상에 기여하는 정도는 별로 크지 않습니다.

오히려 '정상형 사회'라는 말이 기여한 바는, 현대에 환경문제와 복지문제의 극복은 인류에게 제출된 두 가지 중요 과제라는 것, 그리고 두 가지를 함께 해결해야 한다는 것을 세상에 알린 것에 있다고 저는 생각합니다. 두 가지를 굳이 융합할 필요는 없지 않은가, 두 가지를 별개로 해서 해결해도 좋다, 그렇게 하다 보면 국민의 후생, 즉 '행복'이 커질 것이다 ― 이렇게 저는 인식합니다.

정상 시대의 경제학, 어떻게 생각할 것인가

제1장에서 행복을 어떻게 측정할 것인지와 관련해 몇 가지를 소개한 바 있습니다만, 현재와 같은 정상 시대에 삶의 질을 측정하려는 시도가 프랑스에서 있었습니다. 전 프랑스 대통령인 니콜라 사르코지Nicolas Sarkozy가 장폴 피투시Jean-Paul Fitoussi, 아마르티

아 센(노벨 경제학상 수상자), 조지프 스티글리츠Joseph Stiglitz(노벨 경제학상 수상자), 이 세 사람을 초빙해 현대 서구인들의 삶의 질을 측정하게 했습니다. 이들이 조직한 위원회를 '사르코지 위원회'라고 했는데, 이 위원회는 다음과 같은 일곱 가지를 권고했습니다.

권고 1: 물질적인 행복도를 평가할 때 생산보다 소비와 소득을 보아야 한다(국내총생산GDP보다는 국민 순소득Net National Income: NNI 또는 가족 순소득Net Family Income: NFI).

권고 2: 가계家計의 관점을 중시하라.

권고 3: 재산wealth과 함께 소득과 소비를 검토하라.

권고 4: 소득과 소비, 자산의 분배를 가장 중시하라.

권고 5: 소득의 계측 범위를 시장 외 활동들로까지 확대하라.

권고 6: 행복도는 여러 차원으로 구성된다. ① 물질적인 생활 수준(소득과 소비, 재산), ② 건강, ③ 교육, ④ 일을 포함한 개인적인 제반 활동, ⑤ 정치에 대한 발언과 통치, ⑥ 사회적인 연결과 여러 관계, ⑦ 환경(현재 및 장래의 여러 조건), ⑧ 경제적·물리적인 안전성 등.

권고 7: 삶의 질에 관한 지표들은 그것이 대상으로 삼는 것에서 나타나는 불평등을 포괄적으로 평가해야 한다.

권고 1부터 권고 4까지를 요약하면, 물자의 생산만이 아니라 국민들의 소득, 그것도 가계家計가 중요하다는 것, 그 가계 중에서도 소비가 중요하며 이어 분배, 즉 격차의 문제가 중요하다는 것으로, 이것은 대단히 참신한 제안입니다. 지금까지의 경제학이 생산 또는 기업의 활성화를 가장 중시했던 것에 대한 반성과 경고를 담았습니다.

　　권고 5는 가정주부들의 무상 노동 또는 환경문제 등 시장 외 활동에서 생활의 질을 어떻게 평가할 것인지를 고려해 계측하라는 것입니다. 권고 6은 생활의 질을 계측하는 데 어떤 변수들을 사용하는 것이 좋은지와 관련해 여덟 개의 변수를 열거합니다. 권고 7은 권고 4와 관련됩니다만, 소득분배나 기타 사항들에 격차가 있다면 그것은 불평등이다, 인간의 삶의 질을 측정하는 데에는 불평등이라는 문제를 고려해야 한다는 새로운 주장입니다.

　　「사르코지 보고서」를 검토하다 보니 권고의 다수가 이 책에서 논한 것과 관계있다는 것을 깨달아서 격려받은 느낌이 듭니다. 즉, 가계의 중시, 분배에 대한 배려, 환경문제에 대한 대처, 소득만이 아닌 생활의 질에 대한 고려 등이 그것입니다. '행복'을 논할 때에는 이 모든 것을 고려해야 한다는 이야기입니다.

2. 행복은 일하는 것인가, 노는 것인가

노동의 가치관

마지막으로 한 번 더, 인간은 어떠할 때 행복한지를 논해보겠습니다. 사견으로는 중요한 변수로 소득 외에 두 가지가 있습니다. 그것은 일로 얻는 행복감과 자유 시간을 통해 얻는 행복감입니다. 서장의 이야기와도 관련됩니다만, 옛 철인哲人이나 문인들은 일하는 것을 어떻게 이해했을까요?

먼저 고대 그리스에서는 일은 노예들이 하는 것이었고, 시민들은 일하는 것 없이 자유로운 사고방식을 논하는 것이 그들의 역할이었습니다. 그것이 행복이라고 그리스 철학자들은 생각했는데, 시민들만 자유의 특권을 누리고 일하지 않아도 된다는 것에 저는 찬성할 수 없습니다.

둘째, 중세에 이르면 기독교가 발전해 시민들도 일을 통해 자활하는 것이 중요하다는 식으로 생각이 바뀌었습니다. 가령 수도원에서는 신부와 수녀들이 몸소 농장에서 일하고 거기서 나오는 밀을 먹고 포도주를 마신 것처럼, 중세 기독교는 자활을 위한 노동을 찬미했습니다. 그러한 가르침과 풍습은 서민들에게까지 침투해 많은 사람이 일하는 것의 의의를 느끼고 살았습니다.

그리고 그것을 더욱 발전시킨 것이 프로테스탄티즘, 즉 장 칼

뱅Jean Calvin이나 마르틴 루터Martin Luther가 일으킨 종교개혁입니다. 그들은 근면과 검약이라는 것을 대단히 중요시했습니다. 막스 베버Max Weber가 그의 유명한 저서『프로테스탄티즘의 윤리와 자본주의 정신Die protestantische Ethik und der Geist des Kapitalismus』에서도 밝혔듯이, 근로와 검약을 장려하는 프로테스탄티즘의 윤리관이 자본주의 발전에 대단히 큰 영향을 끼쳤습니다.

그리고 절대왕정을 타도한 시민혁명 후 산업혁명이 일어나고 자본주의가 발전함에 따라 신고전파경제학과 더 나아가서는 마르크스경제학까지 일하는 것이 경제활동의 기본이라고 주장했습니다. '일하지 않는 자 먹지 말라'는 정신이 당시 경제학의 기본에 깔렸습니다.

다만 이론異論도 있었습니다. 마르크스는 인간이 일해 먹고살아야 하기는 하나 노동은 고통스럽기도 하다고 말했습니다. 그리하여 마르크스는 노동자들이 더러운 공장에서 뼈 빠지게 일하는 고통에서 해방되려면 사회주의가 필요하며, 노동자들이 중심이 되어 혁명을 일으켜 자본가계급을 타도해야 한다는, 노동자주권의 경제 체제를 수립해야 한다는 사상을 발전시켰습니다.

그런데 윌리엄 모리스William Morris나 존 러스킨John Ruskin 같은 영국의 사회주의자들은 산업혁명기의 고통에 찬 노동이 아닌, 자신의 손으로 가구를 만들거나 손수 농사를 지어 먹을 것을 마련하는 노동, 즉 자신을 위해 생산하는 장인적匠人的인 노동을 찬미했습니다. 다시 말해 사회주의자 중에는 마르크스처럼 노동자 계급의 해방을 도모하는 사고를 했던 사람들이 있는가 하면, 모리스처럼 노동에서 만족을 구해 노동을 찬미하는 사람들도 있었던 것입니다.

한편 노동을 고통으로 보는 사고방식에 대해서 게오르크 빌헬름 프리드리히 헤겔Georg Wilhelm Friedrich Hegel이나 블레즈 파스칼Blaise Pascal은 ― 비非마르크스주의적 입장에서 ― 노동에는 기쁨도 있다고 언명했습니다. 그들이 한 유명한 말 중에 헤겔이 이야기한 승인承認 욕구, 즉 인간은 무언가 일을 함으로써 사람들에게 인정을 받는 것에서, 좋은 일을 했다고 칭찬받는 것에서 최고로 삶의 보람을 느낀다는 것이 있습니다. 그의 말을 '노동은 즐겁다'고 해석해도 될 것입니다. 파스칼은 허영심과 기분 전환을 이야기했습니다. 인간은 허영심이 있어 일을 합니다. 돈을 위해서라고 해도 좋을는지 모르겠으나, 좋은 일을 통해 출세한다면 허영심을 만족할 수 있다는 해석도 할 수 있을 것입니다. 또한 레저를 통해 기분을 전환해 그다음 날 열심히 일할 수 있다면, 기분 전환이라는 것 역시 인간의 정신을 높이는 역할을 하는 것으로서 중요한 것임을 이해할 수 있을 것입니다.

노동이 고통인지, 아니면 노동이 인간의 본질 또는 기쁨인지는, 제가 보는 바로는 그 사람이 어떤 일을 하느냐에 따라 나누어지고 또한 그 사람이 어떤 성격의 소유자인지에 따라서도 달라집니다.

또한 독일 출신의 미국 정치철학자인 한나 아렌트Hannah Arendt
는 "일하는 것으로 얻는 의미는 거의 없으며 인간은 살아가기 위
해(즉, 소비하기 위해) 일하지 않을 수 없는 것"이라고 말했고, 프
랑스의 사상가 앙드레 고르스André Gorz는 "노동 위주의 인생에서
벗어나 노동시간을 단축하고 여가를 즐기는 것이 좋지 아니한
가"라고 말했습니다. 이 말들은 경제성장이라는 주문의 속박을
벗어던지라는 것으로 제 사고방식에 가깝습니다만, 일본에서는
아직 소수파에 속하는 견해입니다.

지금까지 서양의 사상들을 소개했습니다만, 그러면 동양에서
는 어떠했을까요? 중국에는 도연명陶淵明의 무릉도원 사상, 즉
열심히 일하지 말라, 전원에서 자유롭게 살면 된다는 사고방식
이 있었습니다. 그것은 서양의 토머스 모어Thomas More가 쓴 『유
토피아 Utopia』와 흡사한 사고방식입니다.

그러나 일본인들의 정신 구조에 가장 큰 영향을 미친 것은 불
교가 아닐까요? 에도 시대에 땔나무를 지고 걸어가면서 책을 읽
는 모습으로 유명했던 니노미야 다카노리二宮尊德는 근면과 검약
사상을 강조했습니다. 석문심학石門心學*의 이시다 바이간石田梅

---

* 일본 에도 시대 중기의 사상가 이시다 바이간(1685~1744)을 개조로 하는 윤리학
  의 일파를 말하는 것으로, 단순히 심학(心學)이라고도 한다. 에도 시대 후기에
  크게 유행했다가 메이지 시대에 쇠퇴했다.

岩은 '사농공상土農工商'의 에도 시대 신분 사회에서 가장 지위가 낮았던 상인의 길이 중요하다고 역설했습니다. 일본에서도 에도 시대에는 일하는 것의 의미가 강조되었고 그것은 메이지明治 시대 이후로도 계속되었습니다. 그러면 일본인들이 많이 믿는 불교에서는 어떻게 사고하느냐 하면, 불교에서는 일하는 것에 대해 별 언급이 없고 타인들에게 도움을 주는 자원봉사 활동들을 평가했습니다.

여가에 관한 사상의 변천

서장에서 청빈 사상을 이야기할 때 언급한 바 있습니다만, 그럭저럭 먹고살 수 있을 정도로 일하면 되지 않겠는가, 그 대신 자유 시간을 많이 확보하고 여가를 즐기자 ― 이것이 저의 주장입니다.

우선 그리스 철학에서는, 시민이라면 교양을 높여 시민으로서 책무를 다해야 하므로 여가는 공부하는 데 사용해야 한다고 생각했습니다. 노는 것은 경계했습니다.

그다음으로 고대 로마에는 '빵과 서커스'라는 말이 있었을 정도로 시민들이 콜로세움에서 운동경기에 몰두하거나 동물을 상대로 한 투기를 보고 즐기는 등 여가를 누렸습니다.

앞에서 이야기한 『유토피아』를 쓴 토머스 모어는 15~16세기의 영국 사람인데, 모어는 그 책에서 하루 노동은 오전과 오후에 각 세 시간씩, 합계 여섯 시간으로 족하고 여가는 주간 휴식 시간 두 시간을 포함해 여덟 시간으로 한다고 선언했습니다.

『유한계급론 *Theory of the Leisure Class: An Economic Study of Institutions*』이라는 책을 쓴 미국의 소스타인 베블런은 19세기 말에서 20세기 초에 활약한 학자인데, 생산적 노동에 종사하지 않는 사회 상층의 '유한계급'으로 군인과 승려, 학자들을 꼽았습니다. 베블런은 앞에서 이야기한 '과시형 소비'를 비판한 사람이기도 합니다. 네덜란드의 문명사가 요한 하위징아 *Johan Huizinga*는 『중세의 가을 *Herfsttij der Middeleeuwen*』과 『호모 루덴스 *Homo Ludens: Versuch einer Bestimmung des Spielelements der Kultur*』라는 책을 쓴 사람인데, 『호모 루덴스』에서 "인간은 아무튼 놀아야 한다", "노는 것이 대단히 중요하니 일은 그럭저럭하고, 돈과 여가가 있다면 놀아라" 하고 역설했습니다.

다음에 일본인들의 여가 활동에 관해 제 나름으로 정리한 아홉 가지를 제시해보겠습니다.

① 종교와 관련된 것: 고대 신화에 나오는 축제에서 시작해 신사나 불당에서 열리는 각종 축제, 호노즈모 奉納相撲,[•] 에도 시대

• 신불에 대한 제례 시 경내에서 개최하는 스모이다.

의 아사쿠사 마이리浅草詣나 오야마 마이리大山詣, 이세伊勢 참
배 등이 있으며, 덴가쿠田樂나 노能도 종교와 관련된 행사였습
니다.

② 자연과의 교섭에 관한 것: 봄의 꽃구경, 가을의 단풍이나 달구
경, 겨울의 눈 구경 등 자연을 관상하는 풍습이 있었습니다.

③ **생활미**: 요리의 세계에서는 미각뿐만 아니라 보는 눈을 즐겁게
하려고 식기나 다기를 꾸몄습니다.

④ **'도道'의 강조**: 다도茶道와 화도華道, 향도香道, 무도처럼 여가를
즐기는 것 이상으로 인생의 길을 끝까지 추구하는 방향으로 나
아갔습니다.

⑤ **스포츠(체육)**: 일본인들의 스포츠는 검도와 유도처럼 개인 경기
가 중심입니다. 단체 경기들은 메이지유신 이후에 수입되어
번성했습니다.

⑥ **만자이漫才***, **라쿠고落語****: 일본 특유의 예능으로, 현대에도
인기 있는 여가입니다. 단카短歌나 하이쿠俳句도 여기에 포함
할 수 있겠지요.

⑦ **음악**: 와라쿠和樂는 메이지와 다이쇼大正 시기에는 상당히 인기
가 있었습니다만, 양악이 들어오면서 클래식 음악과 팝 음악

---

* 두 사람이 주고받는 익살스러운 재담이다.
** 만담 방식의 한 가지이다.

두 가지가 주류가 되었습니다. 요즘은 후자 쪽이 국민들에게
더 침투해 있습니다.

⑧ 회화: 일본화가 상당히 강해 서양화와 병존한다고 할 수 있습
니다. 미술관을 찾는 사람이 많습니다.

⑨ 앞으로 기대할 수 있는 여가: 여행, 관광 등을 예상해볼 수 있습
니다. 경제적으로 풍족해지면 어느 나라에서나 여가로서의 여
행과 관광이 중요해집니다.

행복에 필요한 것은 무엇인가: 설문 결과로 보아

일본인들에게 "당신은 당신이 행복하게 사는 데 어떤 것들이 필
요하다고 생각하는지 모두 다 들어보십시오"라고 물어본 설문
조사 결과를 마지막으로 소개하겠습니다. 이것은 제가 직접 조
사한 것으로, 아직 통계 처리를 하지 않은 '미가공 자료raw data'이
니만큼 해석은 독자 여러분께 맡기겠습니다. 1위는 인터넷이었
습니다. 이어서 기초 체력·운동 능력, 친구 등으로 이어졌습니
다(〈그림 6-1〉).

다음으로 행복에 필요하다고 답한 것 가운데 당신이 가진 것,
만족하는 것들은 무엇인지를 물었는데, 이것 역시 1위가 인터넷
이었고 그다음으로 TV, 휴대전화 등의 순서였습니다(〈그림 6-2〉,
〈그림 6-3〉). 만약 20년 전에 같은 조사를 했다면 인터넷이나 휴

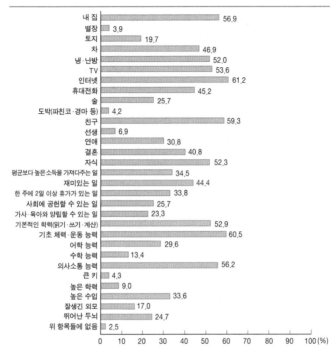

〈그림 6-1〉일본인들이 행복한 생활을 보내기 위해 필요로 하는 것들 ①

항목	값 (%)
내 집	56.9
별장	3.9
토지	19.7
차	46.9
냉·난방	52.0
TV	53.6
인터넷	61.2
휴대전화	45.2
술	25.7
도박(파친코·경마 등)	4.2
친구	59.3
선생	6.9
연애	30.8
결혼	40.8
자식	52.3
평균보다 높은 소득을 가져다주는 일	34.5
재미있는 일	44.4
한 주에 2일 이상 휴가가 있는 일	33.8
사회에 공헌할 수 있는 일	25.7
가사·육아와 양립할 수 있는 일	23.3
기본적인 학력(읽기·쓰기·계산)	52.9
기초 체력·운동 능력	60.5
어학 능력	29.6
수학 능력	13.4
의사소통 능력	56.2
큰 키	4.3
높은 학력	9.0
높은 수입	33.6
잘생긴 외모	17.0
뛰어난 두뇌	24.7
위 항목들에 없음	2.5

질문 내용: "다음 항목 가운데 당신이 행복한 생활을 보내기 위해 필요하다고 생각하는 것 모두를 선택해주십시오."

주: 회답자 수는 1만 826명이다.
자료: 다치바나키 도시아키가 이끈 조사 「地域の生活環境と幸福感」(2011년도).

대전화 같은 것이 답으로 나올 수 없었겠지요. 시대에 따라 무엇이 우리를 행복하게 하는지가 매우 달라진다고 할 수 있겠습니다. 그 밖에 술이 53.8%나 되는 것이 재미있습니다.

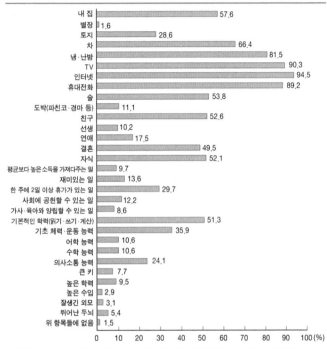

〈그림 6-2〉 일본인들이 행복한 생활을 보내기 위해 필요로 하는 것들 ②

질문 내용: "다음의 항목 가운데 당신이 이미 확보한 것들을 모두 선택해주십시오."

주: 회답자 수는 1만 826명이다.

자료: 다치바나키 도시아키가 이끈 조사 「地域の生活環境と幸福感」(2011년도).

마지막으로, 여가에 하지 않는 일들의 비중을 나타낸 것이 〈표 6-1〉입니다. 가장 높은 것이 도박(파친코·경마·경륜 등)으로, 84.2%의 사람이 안 하고 있었습니다. 이 수치를 거꾸로 생각하면, 일본인들은 비교적 견실한 분야들에서 여가를 즐긴다는

〈그림 6-3〉 일본인들이 행복한 생활을 보내기 위해 필요로 하는 것들 ③

항목	값
내 집	33.0
별장	0.7
토지	12.3
차	31.4
냉·난방	37.0
TV	46.9
인터넷	54.2
휴대전화	40.1
술	21.1
도박(파친코·경마 등)	2.6
친구	29.9
선생	4.8
연애	8.8
결혼	29.7
자식	34.6
평균보다 높은 소득을 가져다주는 일	4.3
재미있는 일	7.1
한 주에 2일 이상 휴가가 있는 일	13.0
사회에 공헌할 수 있는 일	5.5
가사·육아와 양립할 수 있는 일	3.9
기본적인 학력(읽기·쓰기·계산)	23.6
기초 체력·운동 능력	13.6
어학 능력	3.0
수학 능력	3.6
의사소통 능력	9.0
큰 키	3.5
높은 학력	3.9
높은 수입	1.0
잘생긴 외모	1.3
뛰어난 두뇌	2.3
위 항목들에 없음	14.7

질문 내용: "이미 확보한 것 가운데 당신이 만족하는 것을 모두 선택해주십시오"

주: 회답자 수는 1만 826명이다.
자료: 다치바나키 도시아키가 이끈 조사 「地域の生活環境と幸福感」(2011년도).

것을 알 수 있습니다. 도박하는 사람들이 겨우 16%에 지나지 않는 것은 일본인들이 건전한 국민이라는 것을 말해줍니다. 스포츠 관람을 즐기는 사람들은 20% 미만으로, 소수파에 속했습니다. 타이거즈의 팬인 저로서는 뜻밖의 결과였습니다.

제6장 | 정상 경제 시대의 사고방식 191

〈표 6-1〉 다음의 일을 거의 하지 않는 사람들의 비율(단위: %)

일	비율
친구들과 만나거나 식사를 함께하기	38.5
드라이브	55.6
영화관·미술관·박물관·극장에 가기	64.3
스포츠 관람	80.9
비디오나 DVD 보기	34.4
신문 읽기	26.2
만화 읽기	61.4
도박(파친코·경마·경륜 등)	84.2
산과 바다 등 자연을 즐기기	65.3
원예	71.1

그런데 원예 또는 산과 바다 등 자연을 즐기는 사람도 그다지 많지 않았고, 반대로 신문을 읽거나 친구들과 만나고 식사를 함께하는 것, 그리고 TV나 DVD를 시청하는 것으로써 여가를 즐기는 사람이 많았습니다.

마지막으로 결론을 이야기한다면, 이것은 개인적인 견해이고 여러분의 찬동을 얻을 수 있을는지 모르겠습니다만, 이제 GDP를 추구하는 것이, 다시 말해 경제적 풍족을 추구하는 것이 일본인들의 유일한 목표는 아니지 않을까 합니다. 그럭저럭 현재의 경제력을 유지해나가면 되는 것 아닐까요? 사회의 모든 구성원이 먹고살 수 있을 만큼의 소득을 확보하는 경제 규모를 유지하면서 노동시간을 단축해 여러 가지 레저 활동에 더 많은 시간을 참여할 수 있게 하는 것이 바람직하다고 저는 봅니다.

제7장

행복을 높이는 것의 의의와 정책

제2장에서 인간의 성격 차이가 그 사람의 '행복'감에 대한 의사 표시에 어떤 영향을 미치는지를 조사한 이야기를 했습니다만, 이번 장에서는 그것을 발전시키는 의미에서 심리학의 연구 성과를 본격적으로 도입하겠습니다. 예를 들어 야심과 질투가 어떤 역할을 하는지, 사회에 존재하는 격차를 심리학적으로 평가한다면 어떤 이야기를 할 수 있는지와 같은 것입니다. 그리고 심리학적으로 보아 '행복'을 높이는 정책이 있는지도 생각해볼 것입니다.

마지막으로 인간의 '행복'을 높이는 데 정부의 역할이 있는지에 대해서도 검토합니다. 특히 일본 정부를 여타 선진국 정부들과 비교해 그 공과를 평가해봅니다.

1. 심리적 요인의 중요성

행복도를 판단하는 것은 인간의 심리

앞에서 저는 일본인들이 얼마만큼의 행복을 느끼고 또 어떤 분야에서 그것을 느끼는지를 서술할 때 답변자가 어떤 성격의 소유자인지가 일정 정도 평가의 차이를 가져온다는 것을 보인 바 있습니다. 예를 들어 그 사람이 신경질적인 사람이라면 불행을 느끼는 경향이 있고, 반대로 개방적이고 외향성이 강하며 성실한 사람일수록 행복을 느끼는 경향이 있었습니다. 나아가 그러한 성격의 영향력이 성별이나 나이에 따라서도 상당한 차이가 있었습니다.

이것을 다른 말로 표현한다면, 인간의 심리적 요인이 그의 행복도를 결정한다는 것입니다. 다시 말해 사람들이 직면한 어떤 상황에 대해 어떤 감정을 품는지는 그 사람의 심리 상태 또는 성격에 크게 의존한다는 것입니다. 행복을 분석하는 데에서도 심리학이 큰 역할을 합니다. 심리학이 경제 분석에 중요한 역할을 한다는 것은 2002년에 대니얼 카너먼Daniel Kahneman이 노벨 경제학상을 받은 것으로도 알 수 있습니다. 카너먼은 심리학계에서 성장한 사람으로, 경제 분석에 심리학을 도입한 것을 '행동경제학'이라고 하는데, 현재 경제학의 한 분야로 성장하고 있습니다.

심리학 분야에 '긍정심리학positive psychology'이라는 것이 있습니다. 이것은 인간의 주관적 경험이 판단(행복, 만족, 희망 등)에 미치는 영향력을 분석하는 분야의 학문입니다. 일반적으로 심리학은 인간이 가령 범죄 행위 등 바람직하지 못한 행동을 할 때의 인간 심리를 탐구하는 것을 주된 관심사로 합니다만, 긍정심리학은 인간이 진취적·적극적으로 행동할 때의 심리 상황을 탐구합니다. 브루노 프라이(Frey, 2008)에 의하면 긍정심리학에는 세가지 주요 요소가 있다고 합니다. 첫째로는 긍정적인 사상(예를 들어 결혼한다거나 자녀가 태어나는 것 같은 일)이나 그것을 경험하는 순간의 효과가 중요합니다.

둘째로는 사람들의 자기 조직화, 자립심, 적응성과 같은 성격면을 강조합니다. 예를 들면 자립심이 강할수록 동기 부여가 강하므로 끈기 있게 가는 경향이 있고 행복도도 높아질 수 있습니다. 그러나 다른 한편으로 자립정신이 강하면 압박감을 느끼고 따라서 불행을 느낄 수 있다는, 반대되는 견해도 존재합니다.

셋째로 사람들이 경험하는 사상은 그 사람이 놓인 상황, 예를 들면 그 사람이 종교적으로 기독교도인지, 어떤 사람들로 구성된 가족에 속하는지, 어떤 직장에 다니는지와 같은 것에 좌우되는 바가 크다고 할 수 있습니다. 바꾸어 말해 자기가 놓인 주변 환경의 영향에 의해 그 사람의 심리 상태가 어느 정도 규제된다는 것입니다.

야심과 질투의 역할: 상대적 지위

소비와 소득의 경제학을 이야기할 때 '상대소득가설'에 대해 말씀드렸습니다만, 이것을 심리학의 입장에서 다시 평가해본다면, 그 사람의 야심과 질투가 크게 관계한다는 말이 됩니다. 사람은 항상 자신을 타인과 비교해보는 동물이어서, 예를 들면 자신의 소득이나 소비를 타인의 그것과 비교해보고 자신의 위치에 대해 모종의 심리적 감정을 품습니다. 그리하여 타인의 소득·소비보다 우위에 있는 사람은 우월감을 품고 더 높은 곳에 있고 싶다는 야심을 품는지도 모릅니다. 또한 인간은 통상 자신의 아래에 있는 사람보다 위에 있는 사람을 의식하므로 질투심을 품을 수 있습니다. 그런 경우 그 질투심을 토대로 자신을 향상하려는 강한 야심을 품는다면 좋은 일이지만, 반대로 마음이 약해져 체념에 빠질 수도 있습니다. 이 야심과 질투는 인간의 심리를 이야기해주는 단어들로서, 내면에서 인간의 행동을 밀어붙이는 역할을 합니다.

지금까지는 자신의 소득이나 소비를 타인의 그것과 비교해 생기는 야심과 질투에 관해 이야기했습니다만, 다른 사상에 대해서도 같은 말을 할 수 있습니다. 예를 들어 일하는 사람이라면 직장에서의 지위(즉, 승진에 관한 것), 학생이라면 자신의 학업 성적을 남의 그것과 비교하는 것, 또는 자신의 용모를 타인과 비교해 이야기하는 것 등등 모든 측면에서 타인과 비교하는 것이 가능합니다. 그리고 거기에 야심과 질투가 관여합니다.

그러면 그것들이 행복도에 미치는 효과는 어떠할까요? 야심이 강하다는 것은 현재의 상황에 만족하지 않는 상태일 가능성이 높으므로 그 시점에서는 아마 행복도가 낮게 표명될 것입니다. 질투도 남을 부러워하는 것인 만큼 현상에 불만을 느끼는 것으로 생각될 수 있어, 그 시점의 행복도 역시 낮게 표명될 가능성이 높을 것입니다. 이렇게 본다면 인간으로서 야심이 강한 사람 또는 질투심이 강한 사람은 현재의 행복도를 낮게 표명할 가능성이 높고, 반대로 야심이나 질투심이 없는 사람은 현재 행복을 느끼는 정도가 높을 것으로 상상할 수 있습니다.

야심·질투와 행복의 관계를 이처럼 이해한다면 야심을 품지 말라, 질투심을 느끼지 말라는 것이 행복감을 높이는 데 유효한 방책이 될는지 모릅니다. 예를 들어 자신의 소득을 타인의 그것과 비교하지 않는다거나 자신의 용모를 타인과 비교하는 일을 중단하는 것이 뜻밖에 행복도를 높이는 것으로 연결될는지 모릅니다. 타인과 비교해 자신이 열등하다는 것을 인식한다면 불행을 느끼게 될 것이기 때문입니다. 이번 장의 후반에서는 그와 같은 것들을 포함해, 인간의 심리를 고려할 때 어떤 마음가짐을 갖는 것이 좋은지를 다시 논하겠습니다.

심리학의 관점에서 격차를 생각한다

소득 격차 등 여러 가지 격차의 존재가 사람들의 행복감에 어떤 영향을 미치는지를 제4장에서 논했습니다만, 여기서는 격차를 어떻게 생각해야 할 것인지와 관련해 인간 심리 그 자체를 논합니다. 사람에 따라 격차를 용인하는 사람도 있고 용인하지 않는 사람도 있다면, 그리고 격차의 존재가 인간의 행복도에 영향을 미친다면, 그 배후에 인간의 심리가 작용함이 틀림없기 때문입니다.

이케가미 가즈코(池上和子, 2012)는 인간 사회에 격차가 존재한다는 것을 전제하면서 격차 시정이나 평등을 바라는 목소리가 상당히 존재하는데도 그 시정이 지지부진한 것에 주목했습니다. 이케가미는 격차를 용인하는 사람이 상당수 존재하는 이유를 주로 심리학의 관점에서 설명하는데, 이케가미의 설명에 준거해 격차를 발생시키고 또한 유지시키는 이유에 어떤 것들이 있는지 소개해보겠습니다.

하나의 이론으로 '사회적 지배 이론'이라는 것이 있습니다. 이것은 인간 사회에는 사람들의 마음 밑바닥에 불평등한 지배·피지배 관계를 바라는 마음이 존재한다는 주장입니다. 이것을 권위주의라고도 부를 수 있는데, 인간은 약한 자신을 강한 사람이 지켜주기를 바라는 희망을 품는다는 것입니다. 한편 강한 사람,

즉 권위를 가진 사람들도 규범이나 전통을 신봉하면서 그러한 것들이 약한 사람들을 복종시키는 효과가 있다고 생각합니다. 다시 말해 약한 사람이나 강한 사람이나 모두 지배·피지배의 관계를 용인하는 심리가 인간에게 있다는 것입니다.

이 '사회적 지배 이론'은 때때로 사람들의 이데올로기로서 역할을 합니다. 이 이데올로기는 사람들의 발언과 행동을 규정하는 경향이 있고 또 계층구조를 고정화하는 작용도 합니다. 다시 말해 그것은 지배 집단과 피지배 집단 쌍방에 공유되면서 계층구조의 유지에 기여합니다. 이는 세상에 존재하는 격차를 소극적일망정 쌍방 모두 시인한다는 것을 의미하며, 그것은 사회질서의 안정화에 기여합니다. 알기 쉽게 말하면 다음과 같습니다. 세상에 강자(고소득자)와 약자(저소득자)가 존재하는 것은 사실이고 피할 수 없는 것인데, 이 양자의 격차를 굳이 시정하려 한다면 사람들이 강경한 일을 해야 한다. 강경한 일을 한다면 서로가 파멸에 이를 수도 있으므로 조용히 격차의 존재를 용인하고 가는 쪽이 무난하다 ─ 이러한 심리구조가 작용한다는 것입니다.

다만 이 해석에는 문제점이 하나 있습니다. 그것은 격차의 정도를 언급하지 않은 점입니다. 옛날의 왕정이나 제정 또는 봉건시대처럼 극히 일부의 지배계급이 거액의 자산과 소득 또는 권력을 온전하게 잘 지켜 지탱해나가는 한편, 대다수 피지배계급은 빈곤으로 고생한다면 피지배계급은 체제를 붕괴시키고자 반란을 일으키기도 합니다. 과거 서양의 여러 시민혁명이 바로 그런 것으로, 서민 대중이 국왕이나 귀족, 대지주들에 저항해 시민 중심의 사회를 구축했음은 역사가 말해주는 바입니다.

또 하나의 이데올로기로서, 자본주의의 발달로 자본가와 노동자의 계급 대립이 격화됨에 따라 자본가계급이 노동자계급을 착취하는 상황을 전복해야 한다는 마르크스경제학 사상 또는 사회주의 정치사상이 19세기에 강화되었다는 것은 앞에서 이야기한 바입니다. 이것을 커다란 격차를 시정하기 위한 이데올로기로 이해해도 될 것입니다. 이 이데올로기는 폭력혁명을 용인하는 데까지 발전해 러시아혁명을 위시한 사회주의 혁명들이 일어났고 그 결과 정치체제가 바뀐 나라가 몇 개 있었다는 것 역시 역사가 아는 바입니다. 이러한 역사적 사실들은 격차를 용인하는 것이 옳다는 이데올로기를 가리키기도 하고, 그 반대되는 이데올로기를 가리키기도 하는 만큼 '사회적 지배 이론'이 있다면 '사회적 지배 타도 이론'이라는 반대 이론도 있는 것이 아닐까 하고 저는 생각합니다.

현대 일본에서 나타나는 격차는 시민혁명이나 사회주의혁명이 일어나던 때처럼 큰 격차는 아닙니다만, 문제는 사람들이 격차를 어느 정도로 심각한 것으로 보느냐입니다. 말하자면 격차의 크기 정도 또는 심각성이 '사회적 지배 이론'을 지지할 것이냐, '사회적 지배 타도 이론'을 지지할 것이냐를 결정하는 분기점이 될 수 있다는 말입니다.

심리학의 관점에서 볼 때 격차에 관한 제2의 이론이 있습니다. 그것은 바로 이케가미(池上和子, 2012)가 말한 '시스템 정당화 이론'입니다. 앞의 '사회적 지배 이론'과 조금 유사합니다만, 이 이론은 약하고 불리한 처지에 있는 사람들조차 격차를 시인하는 면이 있다는 점을 강조하는 데 특징이 있습니다. 인간의 심리에 현 상태를 유지하고 긍정하고자 하는 동기가 존재한다는 것입니다. 그리고 현행 제도나 시스템들이 오랫동안 존재해왔다면 그 자체를 공정하고 정당한 것으로 간주할 만하다고 사람들이 생각한다는 것입니다.

예를 들어 심리학적으로 본다면 격차 또는 계층의 위에 있는 사람으로서는 당연한 일이지만, 자신의 혜택받은 위치는 곧 자신의 이익과 일치하므로 그것을 타파하려는 마음을 품지 않는 것이 보통이겠지요. 그리고 계층의 아래쪽에 있는 사람들에 대한 죄악감 같은 것도 아래쪽에 있는 사람들이 강한 이데올로기를 갖고 반항해 들어오지 않는 한 침묵하는 쪽이 자신에게 이롭다는 심리가 발동한다고 예상할 수 있습니다.

흥미로운 것은 격차 또는 계층의 아래쪽에 있는 사람들의 심리입니다. 본래라면 그러한 격차의 존재를 용인할 수 없다는 사람들, 위쪽에 있는 사람들에게 질투를 느끼고 이대로는 안 된다고 생각하는 사람들이 다수파일 것입니다. 그러나 위쪽에 있는 사람들을 질투하기보다 앞에서 이야기한 '야심'을 품고 자신을 위쪽으로 향상하려는 심리를 갖는 사람들도 있습니다. 위쪽에 있는 사람들을 넘어뜨려 그들을 아래로 끌어내리려 하는 사람이 있는가 하면, 격차를 없애려 할 경우 사회에 불안을 일으키므로 바람직하지 않다고 생각해 격차의 존재를 용인하면서 자신의 노력으로 자기 위치를 향상하려 하는 사람도 있는 것입니다.

제4장에서 미국인과 유럽인을 비교할 때 미국에서는 소득이 낮은 사람들이 별반 불행을 느끼지 않는다는 것, 버티다 보면 언젠가 자신도 고소득자가 될 것으로 생각하는 사람이 많다고 했던 것을 상기해주십시오. 격차의 존재를 용인하면서 스스로 학문이나 기술을 크게 발달시키려는 사람들이 있다는 '시스템 정당화 이론'이 잘 들어맞는 사례가 바로 이것이라 하겠습니다.

'시스템 정당화 이론'을 지지하는 또 하나의 유력한 근거는 보수주의와 관련됩니다. 그들은 현재의 시스템을 온전하게 잘 지켜 지탱하는 것이 사람들에게 심리적 안도감을 준다는 사실에 주목합니다. 사람들이 보수적인 사상을 갖는 것은 불확실성의 존재를 좋아하지 않고 변화를 싫어한다는 것을 의미합니다. 이는 곧 현 상태를 긍정하는 것인 만큼 보수주의자들은 세상에 격차가 존재하는 것을 옹호합니다.

독일의 심리학자인 존 조스트를 중심으로 한 그룹(Jost et al., 2003)은 외적 위협이나 불확실성이 증대했을 때 사람들은 보수주의로 기울거나 회귀하는 경향이 있다고 했습니다. 다시 말해 다음 세 가지 사회인지적 동기, 즉 ① 인식론적 동기, ② 존재론적 동기, ③ 이데올로기적 동기에 의해 보수화가 촉진된다는 것입니다. 이케가미(池上和子, 2012)는 인식론적 동기를 애매함에 대한 불관용, 불확실성의 회피, 규칙성·평형성에 대한 희망 같은 심리적 요인들로써 설명합니다. 존재론적 동기는 자존심 유지, 손실 방지, 죽음의 공포를 억압하기 등의 심리적 희망에 관한 것입니다. 이데올로기적 동기에는 이기심의 합리화, 집단적 격차의 긍정, 기존 시스템의 정당화 등을 귀속할 수 있습니다. 이처럼 사람들의 다양한 심리적 요인이 보수화를 촉진하고 그것이 격차의 존재를 용인하는 것으로 연결된다는 것입니다.

이 중에서 특히 집단적 격차의 긍정이라는 것이 중요하다고 생각합니다. 예를 들어 미국에서는 흑인과 백인 간에 다양한 편견과 차별이 존재해 교육, 일, 수입 등과 관련한 격차가 있고, 미국뿐만 아니고 어떤 나라에서나 유사한 편견이나 차별이 존재하며, 남성과 여성 간에도 격차가 존재합니다. 이것들은 인종이나 성별 같은 것으로 구별되는 집단이라고 할 수 있습니다.

이러한 각 집단 간에 격차가 존재하는 것은 분명한 일인데, 그 것은 각각의 집단에 속하는 사람들 사이의 일인 만큼 자기에게는 책임이 없는 격차라고 개개인은 생각할는지 모릅니다. 다시 말해 그 집단에 속하는 특유의 성질(흑인인지 백인인지, 여성인지 남성인지)을 모든 사람이 공유하는 데에서 격차가 발생하는 만큼 백인이나 남성으로서는 개인이 책임질 일은 아니라고 생각하는지 모르며, 반대로 흑인이나 여성의 경우도 똑같이 생각해 자신이 아래쪽에 있는 것은 자신의 탓이 아니라고 생각하는지 모릅니다. 바꾸어 말하면 자신과 똑같이 혜택받은 집단에 속하는 사람들이나 반대로 혜택받지 못한 집단에 속하는 사람들이 그 밖에도 많이 있으므로 별반 우월감이나 열등감을 품을 필요가 없다는 감정이 인간에게는 있습니다. 이 심리적 요인이 집단적 격차의 긍정으로 연결된다고 생각해도 되는 것 아닐까요.

2. 행복도를 높이는 정책들

개인에게 가능한 것들: 심리학적 관점에서

앞 절에서 논한 것들을 전제로 하고 인간 심리의 움직임에 유의하면서 행복을 추구한다고 할 때 어떤 정책들이 가능할지를 생각해봅시다. 다양한 정책 제안 중에는 인간 심리와 직접적인 관계가 없는 것들도 있습니다만, 대부분은 인간 심리의 특질을 고려합니다.

구체적 제안들이 ≪뉴 사이언티스트 *New Scientist*≫에 '사람을 즐겁게 만드는 것들Reasons to Be Cheerful'로 열거되었습니다. 사람들의 마음이 침통해지지 않고 쾌활해지는 것이 어떤 때인지, 행복해지려면 어떤 마음가짐을 가져야 하는지 등을 제시한 것으로 이해하면 될 것입니다. 덧붙이자면 '중요도' 항목은 열거된 항목 중 어느 항목의 중요성이 높은지를 숫자로 표시하고 순서를 매긴 것인바, 중요도가 0인 '행복에 전혀 기여하지 않는 항목'에서 중요도가 5인 '행복에 가장 기여하는 항목'으로 숫자가 커질수록 중요도가 상승합니다.

① 천재가 아니더라도 끙끙대지 않는다: 중요도 0.0

머리가 좋고 나쁘고는 사람의 행복도와 무관하다고 기술되어 있습니다.

② 더 많은 돈을 번다(다만 어느 정도까지): 중요도 0.5

소득이 남보다 많으면 행복도가 높은 것이 사실이지만 소득이 대단히 높더라도 행복도가 그리 높아지지는 않습니다. 인간의 생활 만족도에서 소득이 만능은 아니라는 것을 간접적으로 말해줍니다.

③ 우아하게 나이를 먹는다: 중요도 0.5

일본인들의 행복도 조사에서도 마찬가지였지만, 나이를 먹어 감에 따라 사람들의 행복도가 높아지는 것은 만국 공통의 현상인 것 같습니다. 왜 나이를 먹어감에 따라 행복을 느끼는 정도가 높아지는지는 일본인의 행복도를 논한 곳에서 이야기했으므로 다시 이야기하지는 않겠습니다.

④ 자신의 용모를 남과 비교하지 않는다: 중요도 1.0

영화배우처럼 용모가 좋은 사람들은 이성 관계에서 얻을 수 있는 행복감이 높을는지 모릅니다만, 영화배우 같은 사람은 극소수에 지나지 않으므로 그런 사람들과 비교하는 것은 무의미하다는 이야기를 합니다.

⑤ 종교를 믿는다. 그렇지 않더라도 다른 무엇인가를 믿는 것이 좋다: 중요도 1.5

서양에서는 기독교의 의의가 높으므로 종교를 믿으면 행복감이 증대한다고 생각하는 것은 자연스러운 일일 것입니다. 일본인 중에는 종교가 없는 사람이 많으므로 종교의 기여도는 서양보다 낮다고 생각해야 할 것입니다.

⑥ 남을 돕는다: 중요도 1.5

이기주의자와 이타주의자를 비교해보면 타인에게 무언가를 베풂으로써 만족하는 사람이 많으므로 이것은 사람들에게 의의 있는 항목이라 하겠습니다. 인간이 왜 자원봉사 활동을 하느냐 하면, 타인이 도움을 받고 기뻐하는 모습을 보면 그 자신도 충실감을 느낄 수 있기 때문입니다.

⑦ 많은 것을 바라지 않는다: 중요도 2.0

앞 절에서 인간이 행복을 느끼느냐는 그 사람의 성격에 크게 좌우된다는 이야기를 했습니다. 이때 야심과 질투심이 수행하는 역할에 관해서도 이야기했습니다만, 여기서 말하는 '많은 것을 바라지 않는다'는 것은 강한 야심을 품지 않는다, 또는 깊은 질투심을 품지 않는다는 것과 같은 뜻일 것입니다. 자신이 이미 가진 것 이상의 것을 바라지 않으며 자신이 갖지 않은 것을 가진 사람에게 질투심을 품지 않는 사람들은 많은 분야(예를 들어 소득, 일, 건강, 가족, 친구, 여가 등)에서 행복을 느끼는 경향이 강합니다.

⑧ 친구를 사귀고 친구를 중요시한다: 중요도 2.5

이것도 사람의 성격과 관계있습니다. 친구를 사귀기 쉬운 사람은 성격이 밝고 개방적이며 사교적인데, 일본인들의 행복에 관해 우리가 수집한 데이터에 의하면 그러한 사람들의 행복도는 높지만, 밝지 않고 비개방적·비사교적인 사람들의 행복도는 낮았습니다. 이것을 설명하는 하나의 요인은, 친구를 사귀기 쉬운지 어려운지는 그 사람의 성격과 관계있다는 것입니다.

⑨ 결혼한다: 중요도 3.0

우리 데이터에 의하면 기혼자는 단신자나 이혼한 사람 또는 이별한 사람들보다 행복도가 높았던 만큼 결혼하는 것이 그 사람의 행복도를 높인다는 것은 확실합니다. 그러나 한 번 결혼이라는 행복을 붙잡았다 하더라도 이혼이나 배우자의 죽음을 만날 경우 일거에 불행해지는 위험이 있습니다. 반대로 싫은 사람과 함께 있는 것의 불행이 이혼이나 이별을 통해 행복으로 바뀔는지도 모르는 만큼 이것은 위험과 관련된 불행·행복이라 할 수 있습니다. 혼인의 중요도가 3.0으로 높은 것은 경제적으로나 심리적으로나 그것은 남녀의 결합을 촉진하는 인생 최대의 결단이기 때문입니다. 그러나 남녀 간의 일은 행복과 불행 사이를 시계추처럼 크게 요동치므로 결혼을 결심할 때에는 위험을 각오해야 합니다. 그러나 그만큼 매력 있는 일이기도 합니다.

⑩ 유전자를 최대한 활용한다: 중요도 5.0

이것은 중요도가 가장 높은 항목입니다. 구체적으로 무슨 의미냐 하면 인간의 타고난 성격(즉, 유전자)을 가장 효과적으로 살릴 수 있도록 행동하고 싶다는 것입니다. 예를 들어 개방적·사회적인 성격의 보유자는 친구를 잘 사귀고 결혼하는 확률도 높으므로 행복한 인생을 보낼 수 있지만, 비개방적·비사회적인 성격의 소유자라 하더라도 굳이 많은 친구를 사귀려 할 것 없이 자기 혼자서 즐길 수 있는 취미를 찾아 거기서 삶의 보람을 느낄 수 있다면 행복도가 조금은 높아질 것입니다. 후자의 결혼 생활은 배우자의 성격에 의존하는 면이 적지 않으므로 그것에 대해 단정적으로 서술하는 것은 부적절하다 하겠습니다.

여기서는 열 가지 항목을 들어, 행복을 붙잡을 수 있게 하는,

주로 사람의 성격과 관계있는 심리적인 것들을 중요도순으로 논했습니다. 자신이 어떤 성격인지를 냉정하게 인식할 수 있는 사람은 자신을 성격에 적합한 행동을 할 수 있어서 행복한 인생을 보낼 수 있다는 것입니다. 타고난 유전자(즉, 성격)는 나이를 먹어가면서 변화하는지 또는 변화시킬 수 있는지를 심리학의 아마추어인 저로서는 알 수 없습니다만, 어느 연령대에 있더라도 자신의 성격을 냉철하게 판별할 줄 아는 것이 중요하다고 할 수 있습니다. 자신의 성격을 잘 파악하고 그에 대응해 행동할 수 있는 사람은 자신의 행복도를 높일 가능성이 크다 하겠습니다.

3. 정부에 기대할 수 있을까

국민 행복도를 높이려면 기본적으로 각 개인이 어떤 인생을 보내느냐가 중요합니다. 그러나 국민 한 사람 한 사람이 행하는 데에는 한계가 있고 개인으로서는 할 수 없는 것도 많습니다. 후자로 말하면 정부 또는 행정 부문들이 정책을 발동함으로써 비로소 유효해지는 만큼 정부가 얼마나 국민 행복도 향상에 기여하는지를 논할 필요가 대두합니다. 당연한 일이지만 일본 정부를 대상으로 하되 비교하기 위해 다른 선진국들에 대해서도 주의를 기울일 것입니다. 그리고 각국의 특색을 떠나 정부의 역할 또는 공공재의 공급 같은 일반적 화제에 대해서도 언급할 것입니다.

정부의 역할

정부의 역할에 대해서는 크게 구별해 서로 다른 견해로 다음 세 가지가 있습니다. ① 야경국가론, ② 민주주의국가론, ③ 사회주의국가론이 그것입니다. 야경국가론이란 18세기와 19세기에 유럽과 미국에서 주장되었던 사상으로, 국가 또는 정부가 해야 할 일은 국방, 치안, 외교의 세 분야에 한정되고 여타 분야들에 대해서는 주로 민간에 맡겨야 한다는 사고방식입니다. 즉, 군사력, 경찰력, 정부 간 외교가 국가의 3대 지주이고, 경제활동에 대해서는 정부가 관여하지 말고 민간이 하는 대로 맡겨두는 것이 가장 좋다는 사고방식입니다. 이 야경국가론에서 논쟁이 되는 것은 교육 분야나 복지 분야를 어떻게 평가할 것인가 하는 점입니다. 야경국가론이 득세하던 시대에는 교육이나 복지가 큰 역할을 하지 않았으므로 별문제가 되지 않았습니다만, 사회적으로 이 두 분야의 비중이 커지면서 야경국가론은 급속하게 쇠퇴했습니다.

민주주의국가론이란 자유주의와 민주주의라는 정치·철학사상과 자본주의라는 경제사상을 총칭한 것으로 보면 될 것입니다. 경제활동이 민간 부문을 중심으로 해서 이루어져야 한다는 사상이지만 정부의 역할에 대해서는 야경국가론보다도 더 중시합니다. 즉, 경제의 운영을 민간에게만 맡겨두면 경기순환의 파도를 피할 수 없고 경제 격차도 확대되어 국민들이 불안해합니다. 그리하여 경기순환의 파도를 최소화하고자 정부들은 케인스 경제학에 따라 재정·금융정책들을 시행했고, 경제 격차를 시정하고자, 또는 국민 불안을 최소화하고자 복지제도나 사회보장제도를 발전시켰습니다.

그런 가운데 복지·사회보장 분야의 충실화를 요구하는 복지국가론이 정착했습니다. 복지국가론을 민주주의국가론 가운데 집어넣는 것이 부적절한 것은 아니지만, 중요한 것은 정부가 국민들의 복지와 사회보장에 관여하는 정도가 나라에 따라 다르다는 것입니다. 앞에서 살펴보았듯이 덴마크에서는 여타 북유럽의 여러 나라와 마찬가지로 국민들에게 높은 수준의 복지를 제공하고, 당연한 일이지만 국민들은 높은 세금과 사회보험료 부담을 받아들입니다. 중간 수준 복지·중간 수준 부담의 국가로는 독일, 프랑스, 영국 같은 중부 유럽의 대국들이 그 전형이고, 낮은 복지·낮은 부담의 국가로는 미국과 일본을 들 수 있습니다. 이들 높은 복지·높은 부담의 국가들, 중간 수준 복지·중간 수준 부담의 국가들, 낮은 복지·낮은 부담의 국가들이 거친 각각의 역사적 경위와 발전에 대해서는, 저의 책(橋木俊詔, 2010)에 상세히 나왔으니 참고하시기 바랍니다.

일본이 왜 낮은 복지·낮은 부담의 국가가 되었는지를 한마디로 정리한다면, 연금, 의료, 요양 보호 같은 것을 가족들이 보살피는 전통이 있었기 때문입니다. 일본에서는 연로한 부모의 경제생활을 성인이 된 자녀들이 보살피고 양친이 병에 걸리거나 요양 보호가 필요해지면 역시 성인이 된 자녀들이 병간호나 요양 보호에 나서는 것이 상례였습니다. 일본인들의 정신 구조에 입각해 이야기한다면, 가족 간의 유대가 강했으므로 가족 간에 상부상조하는 것을 기대할 수 있었습니다. 그래서 정부가 등장할 필요가 적었던 것입니다.

그러나 개인화가 진전되고 가족 간의 유대가 약해지는 등의 영향을 받아, 그리고 국민 간에 유럽식 복지국가를 모방하고 싶은 마음이 강화되면서, 1973년부터 — 주지하다시피 1973년은 일본의 '복지 원년'으로 불리는 해입니다 — 일본이 복지국가의 길을 걷기 시작했습니다. 그렇기는 하나, '일본형 복지사회'라 일컬어지듯이, 일본에서는 가족의 역할이 존중되는 면이 여전히 크고 복지를 정부에 전면적으로 의존하는 방식이 정착되지 않아 낮은 복지·낮은 부담의 국가로 지내왔습니다.

그런데 일본에서 가족 간 유대는 계속 저하되어 '무연 사회無緣社會'라는 무서운 말까지 유포되기에 이르렀거니와, 이제 일본은 가족들에게 의지할 수 없는 나라가 되었습니다. 게다가 일본이 저출산·고령화와 저성장 시대로 돌입함에 따라 연금, 의료,

요양 보호 같은 사회보장제도를 건전하게 운용할 수 없는 시대가 되었고, 따라서 국민들의 불안이 갑자기 높아졌습니다. 이제 일본은 미국식으로 한 사람 한 사람의 자립정신에 입각한 낮은 복지·낮은 부담의 나라로 갈 것인지, 아니면 유럽식의 중간 수준 복지·중간 수준 부담의 나라 또는 높은 복지·높은 부담의 나라로 갈 것인지를 선택할 때가 되었습니다.

덧붙여 말하자면, 일본의 낮은 복지·낮은 부담을 떠받쳐주는 것으로서 가족의 역할 외에 기업의 역할이 있었다는 것을 잊어서는 안 됩니다. 일본 기업, 특히 대기업들은 독신자 숙소, 사택, 병원, 기업 연금, 문화·스포츠시설 등 '비법정非法定 복리 후생'이라고 칭해지는 여러 복지 혜택을 사원들에게 제공했었습니다. 그뿐만 아니라 법률로 의무화된 사회보험료의 사업주 부담분을 통해서도 국민들의 복지에 기여했습니다. 그러나 일본 경제가 불황에 빠지고 저성장 시대에 돌입하면서 기업들은 비용을 삭감하기 위해 복지부터 후퇴하지 않을 수 없었습니다. 그렇게 기업들의 복지 후퇴에 따라 국민들은 자립하느냐 아니면 국가에 의존하느냐 하는 선택을 강요받고 있습니다.

마지막이 사회주의국가론입니다만, 이것은 제5장에서 경제학의 발전을 서술할 때 마르크스주의 경제학으로 논했으므로 여기서는 다시 논하지 않겠습니다. 재론을 피하는 또 하나의 이유는 일본이 장차 사회주의국가가 될 가능성은 크지 않은 만큼, 이 국가론에서 말하는 복지를 살피는 것이 큰 의미가 없다고 생각해서입니다.

한편 복지와 마찬가지로 정부가 관여하는 중요한 분야에 교육이 있습니다. 공공 부문이 얼마만큼 교육에 관여하는지 또는 관여하지 않는지는 공적 교육 지출비의 많고 적음으로 평가할 수 있습니다. 일반적으로 말한다면 공적 부분이 많은 액수의 교육비를 지출하고, 또 공립학교의 비중이 높은 나라는 복지 분야와 사회보장 분야에서도 높은 복지·높은 부담의 나라이고, 그 반대의 나라, 즉 공적 부문의 교육비 지출액이 적은 나라는 일반적으로 낮은 복지·낮은 부담의 나라입니다.

전자의 예로 덴마크와 스웨덴 등 북유럽의 여러 나라, 후자의 전형으로 일본이 있습니다. 이 양자의 대비는 '큰 정부' 대 '작은 정부'로 치환할 수 있습니다. 전자는 국민의 복지나 교육에 정부가 크게 관여하고 공적 지출액도 큰 것에 비해, 후자는 정부의 관여가 크지 않고 무엇보다 공적 지출액이 작다는 것입니다. 일본의 공적 교육비 지출의 국내총생산GDP 대비 비율이 선진국 중 최저라는 것은 잘 알려진 사실이고, 사회보장 급여액의 GDP 대비 비율 역시 상당히 낮은 수준입니다.

저 개인으로서는 일본이 유럽식 복지국가의 길을 걸을 것과 복지와 교육을 공적 부문에서 담당할 것을 선호합니다. 따라서 일본은 현재의 '작은 정부'에서 벗어나야 한다고 주장합니다. 그

근거를 간략히 이야기하면, 일본에서 가족과 기업이 복지에 더는 관여할 수 없다면 국민들에게 안심감을 주고 행복한 인생을 보낼 수 있게 해주는 것은 정부의 역할입니다. 또한 국민들의 노동생산성을 높이려면 교육과 기능의 축적이 없으면 안 되는데, 이를 위해서는 국민들이 세금과 사회보험료를 지금까지보다 더 많이 부담할 각오를 해야 합니다. 교육과 관련해 교육비 부담을 부모에게 지우는 현재의 일본 사회는, 자녀들이 어디까지 교육을 받을 수 있는지가 부모의 경제력으로 결정되는 만큼, 교육의 기회균등을 달성할 수 없는 사회입니다. 자녀들이 바라는 교육을 부모의 사회적 지위와 무관하게 받을 수 있으려면 공적 부문의 교육비 지출을 증대해야 합니다.

그런데 이러한 주장이나 의견은 일본에서는 소수파에 속한다고 해야 할 것입니다. 다수파들은 복지나 공교육의 충실화는 민간경제나 사적 교육의 발전에 저해되는 만큼 국민들의 자립 의식과 근로 의욕에 기대어 경제 활성화를 추구하는 쪽이 바람직하다고 주장합니다. 게다가 일본에서는 원래 정부에 대한 불신이 강합니다. 다음에서는 현재 일본 정부가 하는 일들을 평가해보겠습니다.

정부의 질

정부가 복지와 교육을 비롯한 다양한 공공서비스를 국민의 요구에 부합되게, 그리고 효율적으로 제공함으로써 국민 행복도가 높아졌다면 그러한 정부는 나무랄 데 없는 정부라 할 수 있습니다. 그러면 일본 정부의 실태는 어떠한지를 여타 선진국 정부들과 비교하면서 검토해보겠습니다. 이와 관련해서 데릭 복(Bok, 2010)이 유용한 의논을 전개합니다만, 그의 주된 관심이 미국에 있는 만큼 여기서는 일본을 중심으로 해서 논해보겠습니다.

〈표 7-1〉은 선진 7개국(미국, 캐나다, 프랑스, 독일, 일본, 스웨덴, 영국) 정부의 질, 즉 정부가 얼마나 적절하게 정책을 실행해왔는지에 대한 세계은행 그룹World Bank Group: WBG 조사 보고서의 일부입니다. 정부가 내건 목표들, 예를 들면 낮은 인플레율과 낮은 실업률을 동반한 견고한 경제성장, 지나친 부담을 주지 않는 사회보장, 높은 수준의 학력을 낳는 의무교육, 안전한 대기 등의 환경 같은 목표들을 얼마만큼 달성했는지를 통해 각 정부를 평가한 것입니다. 여기에 열거된 목표들만 하더라도 나라에 따라 우선순위가 서로 다르므로 공평하게 비교하는 것이 쉬운 일이 아닙니다만, 드문 연구에 속하므로 검토해보기로 합니다.

〈표 7-1〉에는 여섯 개 분야가 평가되어 있습니다. ① '참여와 설명 책임'은 국민들이 정부의 정책 결정에 얼마만큼 참여하는

<표 7-1> 정부 평가에 관한 국제 비교

	미국	캐나다	프랑스	독일	일본	스웨덴	영국
참여와 설명 책임	1.08	1.46	1.40	1.48	0.91	1.55	1.42
정치적 안정	0.31	0.94	0.46	0.83	1.11	1.13	0.46
정부 프로그램의 유효성	1.64	2.03	1.20	1.52	1.29	2.00	1.83
규제의 특질	1.47	1.53	1.06	1.39	1.27	1.44	1.76
법의 지배	1.57	1.85	1.31	1.77	1.40	1.86	1.73
부정부패의 통제	1.30	1.90	1.44	1.78	1.31	2.24	1.86

자료: 각 수치는 Kaufmann, Kraay and Mastruzzi(2007: 76~93)에 의함.

지, 그리고 정부 정책을 국민들이 얼마만큼 인지하며 정부는 국민이 알 수 있게 얼마만큼 노력하는지를 가리킵니다. ②'정치적 안정'은 테러나 폭력에 대한 정부의 대응을 가리킵니다. ③'정부 프로그램의 유효성'은 정책 결정과 실행의 특질을 의미합니다. ④'규제의 특질'은 각종 위험에서 시민들을 보호하기 위한 정책과 규정들의 정도를 나타냅니다. ⑤'법의 지배'는 범죄를 예방하고 단속하는 경찰과 법원들의 기능 및 공무원의 규율을 가리킵니다. ⑥'부정부패의 통제'는 공직자들의 도덕이 어느 정도이며 정부가 이익 단체들의 의향에 얼마나 좌우되는지를 나타냅니다.

우선 종합 평가를 보면 합산치로 평가할 때 스웨덴이 10.22로 1위이고 이어 캐나다가 9.71, 영국이 9.06, 독일이 8.77, 미국이 7.37, 일본이 7.29, 프랑스가 6.8이었는데, 일본은 7개국 가운데 제6위를 차지했습니다. 일본 정부가 일하는 정도는 대단히 낮은 평가밖에 받지 못한 것입니다. 1950~1960년대의 고도성장기 및

1970~1980년대의 안정성장기에는 일본 정부의 기능이 높은 평가를 받았습니다만, 현대(1996~2006년)에 이르러서는 낮은 평가로 떨어졌습니다. 이는 일본 국민들의 생각과 다르지 않을 것입니다.

다음으로 개별 분야에 주목해봅시다. ① '참여와 설명 책임'의 분야에서는 7개국 중 최하위 평가를 받았는데, 일본 정부의 정책 결정에 국민들이 참여하지 않으며 정부도 정보 제공을 하지 않는다는 것을 이야기해줍니다. ② '정치적 안정'의 분야에서 높은 평가를 받은 것은 일본이 원래 테러나 폭력과 거리가 먼 나라라 이해가 가는 바이지만, 정치가 아무것도 결정하지 않는 상황이 지금까지 오랫동안 계속되었으므로 만약에 지금 다시 평가한다면 필시 그때보다 낮은 평가를 받지 않을까 합니다. ③ '정부 프로그램의 유효성'에서 ⑥ '부정부패의 통제'까지로 말하면, 이 모든 분야에서 제6위의 낮은 평가를 받았는데, 모두 맞는 평가라 하겠습니다. ③에서 ⑥까지의 낮은 평가들을 정리하면, 일본 정부는 국민들을 위해 유효한 서비스를 제공하지 않고, 정치가와 관료들은 자신들의 이익을 제일로 해서 행동하며, 공직자들의 도덕이 낮고 부정부패가 많다는 평가인 것입니다.

일본 정부의 일하는 방식에 대한 이와 같은 낮은 평가를 해석해보면, 국민들은 정부가 일하는 것에 믿음을 품지 않으며 결국 이익을 보는 것은 정치가와 관료들이고 자신들은 좋은 서비스를 받지 못한다고 생각하는 것입니다. 상황이 그러하다면 국가에 세금과 사회보험료를 많이 내더라도 자신에게 복지 또는 교육 서비스가 두텁게 돌아오리라고 기대할 수 없으므로, 국민들은 지금 그대로의 '작은 정부' 쪽이 더 좋다고 생각한다 — 이렇게 판단해도 무방할 것입니다.

참고문헌

池上和子. 2012. 『格差と序列の心理學』. ミネルヴァ書房.

ヴェブレン, T. 1998. 『有閑階級の理論』. 高哲男 譯. 筑摩書房(Veblen, T. 1899. *The Theory of the Leisure Class, Modern Library.*).

枝廣淳子・草郷孝好・平山修一. 2011. 『GNH(國民總幸福): みんなでつくる幸せ社會へ』. 海象社.

大竹文雄・白石小百合・筒井義郎. 2010. 『日本の幸福度: 格差・勞働・家族』. 日本平論社.

大橋照枝. 2010. 『幸福立國ブータン: 小さな國際國家の大きな挑戰』. 白水社.

_____. 2011. 『幸せの尺度: 「サステナブル日本3.0」をめざして』. 麗澤大學出版會.

翁百合 外. 2012. 『北歐モデル 何が政策イノベーションを生み出すか』. 日本經濟新聞出版社.

子安增生・杉本均 編. 2012. 『幸福感を紡ぐ人間關係と教育』. ナカニシヤ出版.

錢本隆行. 2012. 『デンマーク流「幸せの國」のつくりかた』. 明石書店.

橘木俊詔. 1998. 『日本の經濟格差: 所得と資産から考える』. 東洋經濟
　　新報社.

_____. 2006. 『格差社會 何が問題なのか』. 岩波新書.

_____. 2010. 『安心の社會保障改革: 福祉思想史と經濟學で考える』. 東
　　洋経済新報社.

千葉忠夫. 2009. 『世界一幸福な國デンマークの暮らし方』. PHP新書.

廣井良典. 2001. 『定常型社會: 新しい「豊かさ」の構想』. 岩波新書.

_____. 2009. 『グローバル定常型社會: 地球社會の理論のために』. 岩波
　　書店.

磯山友幸. 2011.6.1. "大震災で問われる「幸せとは何か」:「OECD幸福
　　指數19位」は日本が大きく変わるチャンスだ". 磯山友幸 「経済
　　ニュースの裏側」. ≪現代ビジネス≫. http://gendai.ismedia.jp/
　　articles/print/6844

日本政策投資銀行地域企画部地域振興グルーブ. 2010. 『地域ハンドブッ
　　ク 2010年度版: 地域データと政策情報』. 日本政策投資銀行.

東洋經濟新報社. 2011. 『週刊 東洋經濟增刊 地域經濟總覽 2011年度版』.
　　東洋經濟新報社.

フライ, ブルー S. 2012. 『幸福度をはかる經濟學』. 白石小百合 譯. NTT
　　出版(Frey, Bruno S. 2008. *Happiness: A Revolution in Eco-
　　nomics*. MIT Press.).

ボック, デレック. 2011. 『幸福の研究』. 土屋直樹・茶野努・宮川修子
　　譯. 東洋經濟新報社(Bok, Derek. 2010. *The Politics of Happi-
　　ness*. Princeton University Press.).

OECD 編著. 2008. 『地圖でみる世界の地域格差: 都市集中と地域發展の
　　國際比較』. 神谷浩夫 監譯. 由井義通 外 譯. 明石書店.

Alesina, A., E. Glaeser and B. Sacerdote. 2001. "Why doesn't the US Have a European-Style Welfare State?" *Brookings Papers on Economic Activity*, No. 2, pp. 187~277.

Alesina, A., R. Di Tella and R. MacCulloch. 2004. "Inequality and Happiness: Are Europeans and Americans Different?" *Journal of Public Economics*, Vol. 88, pp. 2009~2042.

Di Tella, R., R. J. MacCulloch and A. J. Oswald. 2003. "The Macroeconomics of Happiness." *Review of Economics and Statistics*, p. 809.

Duesenberry, J. 1949. *Income, Saving and the Theory of Consumer Behavior.* Harvard University Press.

Frey, B. and A. Stutzer. 2002. *Happiness and Economics: How the Economy and Institutions Affect Human Well-Being.* Princeton University Press.

Jost, J. et al. 2003. "Fair Market Ideology: Its Cognitive-Motivational Underpinnings," *Research in Organizational Behavior*, Vol. 25, pp. 53~91.

Kaufmann, D., A. Kraay and M. Mastruzzi. 2007. "Governance Matters VI: Aggregate and Individual Governance Indicators 1996-2006." World Bank Policy Research Working Paper 4280(July), pp. 76~93.

Layard, R. 2005. *Happiness: Lessons from a New Science.* Penguin.

Ono, H. and K. S. Lee. 2012. "Welfare States and the Distribution of Happiness." unpublished manuscript(저자의 허가를 얻어 인용).

후 기

일본 국민들의 '행복'도는 세계 각국과 비교할 때 중간이라는 것을 알았습니다. 다시 말해 '행복'하지도 않고 '불행'하지도 않은 평균적인 행복도입니다. 그런데 이 애매한 정도가 오히려 우리를 곤혹에 빠뜨립니다. 만약 불행을 강하게 느낀다면 어떻게 하면 좋을까 하는 정책 논의의 필요성이 현저해질 것이고, 만약 높은 '행복' 속에 있다면 강력한 정책적 대응을 요구할 필요가 없을 것입니다. 그러나 중간 위치에 있다면 무엇을 해야 할 것인지 판단하기가 곤란합니다. 그렇기는 하나 '행복'도란 본래 높으면 높을수록 좋은 것인 만큼 모종의 정책적 대응이 필요하다고 판단됩니다. 이와 관련해 우리는 덴마크나 부탄에서 배울 바가 많다는 것을 알았습니다. 예를 들어 사회보장제도가 중요하다는 것, 사람들의 평등 의식이 중요하다는 것, 사람의 마음이나 정신에 관한 것 또는 가족이나 커뮤니티와 관련된 유대가 특히 중요하다는 것 등입니다.

일본인들에게 '행복도'가 반드시 경제적 풍족만으로 결정되는 것은 아니라는 것도 분명해졌습니다. 그렇다고 경제를 효율적으로 운영해 경제성장률을 높이는 정책이 필요하지 않다고까지 주장하는 것은 아닙니다. 저 개인의 사고방식을 피력한다면, 정상 상태를 유지하는 것으로 충분하지 않은가 합니다. 환경문제가 심각한 만큼 환경에 부담이 가지 않도록 (높은 성장률을 추구하지 않는) 정상 경제로 가는 것이 바람직하고, 그것이 경제학사經濟學史에 비추어보더라도 가치 있는 길입니다. 인구가 감소 중인 일본에서는 경제성장률이 마이너스가 되는 것이 자연스러운 귀결이지만, 마이너스가 되어 사람들이 위축되고 생활수준이 저하되어서는 곤란한 만큼, 적어도 제로 성장만은 달성했으면 합니다. 물론 제로 성장을 달성하는 것 자체도 쉬운 일은 아닙니다만.

일본 국민들이 경제적인 풍요에서만 가치를 구하는 것이 아니라면, 사람들을 행복하게 하는 분야들에서 행복도를 높일 수 있는 정책들에 주목해야 할 것입니다. 예를 들어 무조건 열심히 일하는 것만을 목표로 할 것이 아니라 여가를 즐기는 여유를 갖는 것이 바람직하고, 사회보장제도의 충실화를 통해 사람들을 안심하게 하는 것도 중요합니다. 나아가 사람들 사이에 지나친 격차가 빚어지거나 약자들이 불필요한 질투심을 품는 그런 사회를 만들어서는 안 됩니다. 그렇다고 해서 야심을 품고 분투하는 사람들의 기를 꺾는 일도 바람직하지 않습니다. 더 나아가 일본에 현저한 지역 간 격차를 시정하고자 나서는 것도 필요합니다.

이 책은 일본에서 누가 어떤 사회적·경제적 상태에 있을 때에, 그리고 어떤 일들을 할 때에 '행복'을 느끼는지를 규명해, 사람들의 행복을 높이려면 개인이나 사회가 해야 할 일들이 무엇인지에 관한 힌트들을 제공했습니다.

이 책의 특색 중 하나는 머리말에서도 이야기했습니다만, 사람이 '행복'도에 관해 의사를 표시할 때 그 사람의 성격이나 심리 상태가 어떠한지가 큰 역할을 한다는 것을 밝혔다는 점입니다. 그리고 더 나아가 사람의 심리에 주목할 때 어떤 정책들이 사람의 '행복'도를 높이는 데 유효한지에 대해서도 살펴보았습니다.

이 책을 집필하면서 경제학 지식이 없는 사람들도 이해할 수 있게 쓰려고 노력했습니다. 나아가 우리가 '행복'이라는 비교적 새로운 과제와 씨름할 때 그 지침이 될 만한 것들을 제시하려고 노력했습니다. 그래서 학생이나 일반인 및 경제학에 관심 있는 분들께 유용한 책이 되었으면 하고 희망합니다만, 제 실력이 부족한 까닭에 그러한 희망이 얼마나 달성될지 모르겠습니다.

이 책은 원래 2012년 7~8월에 있었던 '이와나미岩波 시민 세미나' 속의 제 강의록에서 출발한 것입니다만, 그 강의록 이상의 분량이 새로 추가되었습니다. '이와나미 시민 세미나'에서는 나카무라 다쓰야中村達也 주오 대학 명예교수님, 니시자와 에이이치로西澤榮一郎 호세이 대학 교수님에게서 귀한 코멘트와 가르침을 받았습니다. 그리고 텍사스 A&M 대학교의 오노 히로시小野浩 교수님은 미발간 논문의 인용을 허락해주셨는바, 이 자리를 빌려 감사드립니다. 이 책에 사용된 도표의 계산 결과들과 관련해서는 보조 연구자인 도시샤 대학의 다카마쓰 리에高松里江 씨(현재 오사카 대학 조교)의 도움을 받았습니다. 다카마쓰 씨에게 감사드립니다.

마지막으로, 이 책은 이와나미 쇼텐岩波書店의 다카하시 히로시高橋弘 씨가 기획하고 지원해준 덕분에 출판할 수 있었습니다. 번번이 다카하시 씨의 수고에 힘입었는데 늘 고맙게 생각합니다. 당연한 말이지만 이 책에 포함되었을는지 모르는 오류 및 주장들에 관한 책임은 모두 저에게 귀속됩니다.

2013년 초여름

다치바나키 도시아키

지은이

다치바나키 도시아키(橘木俊韶) 1943년에 효고 현에서 출생. 오타루 상과대학 졸업, 오사카 대학 대학원 석사과정 수료, 존스 홉킨스 대학교 대학원 박사과정 수료(Ph.D.). 교토 대학 교수를 거쳐 현재 도시샤 대학 경제학부 교수. 그사이 프랑스, 미국, 영국, 독일에서 교육·연구직에 종사. 전(前) 일본경제학회 회장. 전공은 경제학.

우리나라에 소개된 저서로는 『격차사회』(2013), 『일본의 교육양극화』(2013), 『일본의 부자들』(공저, 2007), 『안전의 경제학』(2004), 『일본의 경제 격차』(2001) 등이 있으며, 그 외에 『夫婦格差社會』(공저, 2013), 『課題解明の經濟學史』(2012), 『三商大』(2012), 『女性と學歷』(2011), 『京都三大學』(2011), 『東京大學』(2009), 『早稻田と慶應』(2008), 『女女格差』(2008), 『家計からみる日本經濟』(2004) 등 다수가 있다.

옮긴이

백계문 서울대학교 법과대학 졸업, 중앙대학교 대학원 교육학 전공. 민주화운동가·정치활동가.

저서로 『성공한 개혁가 룰라』(2011)가 있으며, 역서로는 『경제에서 본 리스크』(2014), 『리스크학이란 무엇인가』(2014), 『중국의 도시화와 농민공』(2014), 『루쉰』(2014), 『한국정치와 시민사회』(2013), 『중국 기업의 르네상스』(2013), 『진화하는 중국의 자본주의』(2012), 『21세기 패자는 중국인가』(2012), 『김정은 체제』(공역, 2012) 등이 있다.

한울아카데미 1785

다치바나키 도시아키가 이야기하는
행복의 경제학

지은이 ㅣ 다치바나키 도시아키
옮긴이 ㅣ 백계문
펴낸이 ㅣ 김종수
펴낸곳 ㅣ 도서출판 한울
편집책임 ㅣ 최규선
편집 ㅣ 이황재

초판 1쇄 인쇄 ㅣ 2015년 5월 15일
초판 1쇄 발행 ㅣ 2015년 5월 30일

주소 ㅣ 413-120 경기도 파주시 광인사길 153 한울시소빌딩 3층
전화 ㅣ 031-955-0655
팩스 ㅣ 031-955-0656
홈페이지 ㅣ www.hanulbooks.co.kr
등록번호 ㅣ 제406-2003-000051호

Printed in Korea.
ISBN 978-89-460-5785-2 03320 (양장)
ISBN 978-89-460-6005-0 03320 (반양장)